書名：三元地理正傳
副題：心一堂術數珍本古籍叢刊、堪輿類

主編、責任編輯：陳劍聰
心一堂術數珍本古籍叢刊編校小組：陳劍聰　素聞　梁松盛　鄒偉才　虛白盧主

出版：心一堂有限公司
出版社地址：香港九龍尖沙咀東麼地道六十三號好時中心LG 六十一
門市：香港九龍尖沙咀東麼地道六十三號好時中心LG 六十一
電話號碼：(852)2781-3722
傳真號碼：(852)2214-8777
網址：http://www.sunyata.cc
電郵：sunyatabook@gmail.com
心一堂術數珍本古籍叢刊網上論壇 http://bbs.sunyata.cc/

版次：二零一零年十二月初版
平裝

定價：港幣　二百九十八元正
人民幣　二百九十八元正
新台幣　一千一百九十元正

國際書號：ISBN 9789888058617

香港及海外發行：利源書報社
地址：香港新界荃灣德士古道220-248號荃灣工業中心1609-1616室
電話號碼：(852)2381-8251
傳真號碼：(852)2397-1519

台灣發行：秀威資訊科技股份有限公司
地址：台灣台北市內湖區瑞光路七十六巷六十五號一樓
電話號碼：(886)2796-3638
傳真號碼：(886)2796-1377
網路書店：www.govbooks.com.tw
經銷：易可數位行銷股份有限公司
地址：新北市新店區中正路542之3號4樓
電話號碼：(886)82191500
傳真號碼：(886)82193383
網址：http://ecorebooks.pixnet.net/blog

中國大陸發行・零售：心一堂書店
深圳地址：中國深圳羅湖立新路六號東門博雅負一層零零八號
電話號碼：(86)0755-82224934
北京地址：中國北京東城區雍和宮大街四十號
心一堂網上書店：http://book.sunyata.cc

心一堂術數古籍珍本叢刊 總序

術數定義

術數，大概可謂以「推算、推演人（個人、群體、國家等）、事、物、自然現象、時間、空間方位等規律及氣數，並或通過種種『方術』，從而達致趨吉避凶或某種特定目的」之知識體系和方法。

術數類別

我國術數的內容類別，歷代不盡相同，例如《漢書・藝文志》中載，漢代術數有六類：天文、曆譜、無行、蓍龜、雜占、形法。至清代《四庫全書》，術數類則有：數學、占候、相宅相墓、占卜、命書、相書、陰陽五行、雜技術等，其他如《後漢書・方術部》、《藝文類聚・方術部》、《太平御覽・方術部》等，對於術數的分類，皆有差異。古代多把天文、曆譜、及部份數學均歸入術數類，而民間流行亦視傳統醫學作為術數的一環；此外，有些術數與宗教中的方術亦往往難以分開。現代學界則常將各種術數歸納為五大類別：命、卜、相、醫、山，通稱「五術」。

本叢刊在《四庫全書》的分類基礎上，將術數分為九大類別：占筮、星命、相術、堪輿、選擇、三式、讖緯、理數（陰陽五行）、雜術。而未收天文、曆譜、算術、宗教方術、醫學。

術數思想與發展——從術到學，乃至合道

我國術數是由上古的占星、卜蓍、形法等術發展下來的。其中卜蓍之術，是歷經夏商周三代而通過「龜卜、蓍筮」得出卜（卦）辭的一種預測（吉凶成敗）術，之後歸納並結集成書，此即現傳之《易經》。經過春秋戰國至秦漢之際，受到當時諸子百家的影響、儒家的推崇，遂有《易傳》等的出現，原本是卜蓍術書的《易經》，被提升及解讀成有包涵「天地之道（理）」之學。因此，《易・繫辭傳》曰：「易與天地準，故能彌綸天地之道。」

漢代以後，易學中的陰陽學說，與五行、九宮、干支、氣運、災變、律曆、卦氣、讖緯、天人感應說等相結

合，形成易學中象數系統。而其他原與《易經》本來沒有關係的術數，如占星、形法、選擇，亦漸漸以易理(象數學說)為依歸。《四庫全書・易類小序》云：「術數之興，多在秦漢以後。要其旨，不出乎陰陽五行，生剋制化。實皆《易》之支派，傅以雜說耳。」至此，術數可謂已由「術」發展成「學」。

及至宋代，術數理論與理學中的河圖洛書、太極圖、邵雍先天之學及皇極經世等學說給合，通過術數以演繹理學中「天地中有一太極，萬物中各有一太極」(《朱子語類》)的思想。術數理論不單已發展至十分成熟，而且也從其學理中衍生一些新的方法或理論，如《梅花易數》、《河洛理數》等。

在傳統上，術數功能往往不止於僅僅作為趨吉避凶的方術，及「能彌綸天地之道」的學問，亦有其「修心養性」的功能，「與道合一」(修道)的內涵。《素問・上古天真論》：「上古之人，其知道者，法於陰陽，和於術數。」數之意義，不單是外在的算數、歷數、氣數，而是與理學中同等的「道」、「理」—心性的功能，北宋理氣家邵雍對此多有發揮：「聖人之心，是亦數也」、「萬化萬事生乎心」、「心為太極」。《觀物外篇》：「先天之學，心法也。……蓋天地萬物之理，盡在其中矣，心一而不分，則能應萬物。」反過來說，宋代的術數理論，受到當時理學、佛道及宋易影響，認為心性本質上是等同天地之太極。天地萬物氣數規律，能通過內觀自心而有所感知，即是內心也已具備有術數的推演及預測、感知能力；相傳是邵雍所創之《梅花易數》，便是在這樣的背景下誕生。

《易・文言傳》已有「積善之家，必有餘慶；積不善之家，必有餘殃」之說，至漢代流行的災變說及讖緯說，我國數千年來都認為天災，異常天象(自然現象)，皆與一國或一地的施政者失德有關；下至家族、個人之盛衰，也都與一族一人之德行修養有關。因此，我國術數中除了吉凶盛衰理數之外，人心的德行修養，也是趨吉避凶的一個關鍵因素。

術數與宗教、修道

在這種思想之下，我國術數不單只是附屬於巫術或宗教行為的方術，又往往已是一種宗教的修煉手段——通過術數，以知陰陽，乃至合陰陽(道)。「其知道者，法於陰陽，和於術數。」例如，「奇門遁甲」術中，即分為「術奇門」與「法奇門」兩大類。「法奇門」中有大量道教中符籙、手印、存想、內煉的內容，是道教內丹外法的一種重要外法修煉體系。甚至在雷法一系的修煉上，亦大量應用了術數內容。此外，相術、堪輿術中也有修煉望氣色的方法；堪輿家除了選擇陰陽宅之吉凶外，也有道教中選擇適合修道環境（法、財、侶、地中的地）的方法，以至通過堪輿術觀察天地山川陰陽之氣，亦成為領悟陰陽金丹大道的一途。

易學體系以外的術數與的少數民族的術數

我國術數中，也有不用或不全用易理作為其理論依據的，如楊雄的《太玄》、司馬光的《潛虛》。也有一些占卜法、雜術不屬於《易經》系統，不過對後世影響較少而已。

外來宗教及少數民族中也有不少雖受漢文化影響（如陰陽、五行、二十八宿等學說）但仍自成系統的術數，如古代的西夏、突厥、吐魯番等占卜及星占術，藏族中有多種藏傳佛教占卜術、苯教占卜術、擇吉術、推命術、相術等；北方少數民族有薩滿教占卜術；不少少數民族如水族、白族、布朗族、佤族、彝族、苗族等，皆有占雞（卦）草卜、雞蛋卜等術，納西族的占星術、占卜術，彝族畢摩的推命術、占卜術…等等，都是屬於《易經》體系以外的術數。相對上，外國傳入的術數以及其理論，對我國術數影響更大。

曆法、推步術與外來術數的影響

我國的術數與曆法的關係非常緊密。早期的術數中，很多是利用星宿或星宿組合的位置（如某星在某州或某宮某度）付予某種吉凶意義，并據之以推演，例如歲星（木星）、月將（某月太陽所躔之宮次）等。不過，由於不同的古代曆法推步的誤差及歲差的問題，若干年後，其術數所用之星辰的位置，已與真實星辰的位置不一樣了；此如歲星（木星），早期的曆法及術數以十二年為一周期（以應地支），與木星真實周期十一點八六年，每幾十年便錯一宮。後來術家又設一「太歲」的假想星體來解決，是歲星運行的相反，週期亦剛好是十二年。而術數中的神煞，很多即是根據太歲的位置而定。又如六壬術中的「月將」，原是立春節氣後太陽躔娵訾之次而稱作「登明亥將」，至宋代，因歲差的關係，要到雨水節氣後太陽才躔娵訾之次，當時沈括提出了修正，但明清時六壬術中「月將」仍然沿用宋代沈括修正的起法沒有再修正。

由於以真實星象周期的推步術是非常繁複，而且古代星象推步術本身亦有不少誤差，大多數術數除依曆書保留了太陽(節氣)、太陰(月相)的簡單宮次計算外，漸漸形成根據干支、日月等的各自起例，以起出其他具有不同含義的眾多假想星象及神煞系統。唐宋以後，我國絕大部份術數都主要沿用這一系統，也出現了不少完全脫離真實星象的術數，如《子平術》、《紫微斗數》、《鐵版神數》等。後來就連一些利用真實星辰位置的術數，如《七政四餘術》及選擇法中的《天星選擇》，也已與假想星象及神煞混合而使用了。

隨着古代外國曆(推步)、術數的傳入，如唐代傳入的印度曆法及術數，元代傳入的回回曆等，其中我國占星術便吸收了印度占星術中羅睺星、計都星等而形成四餘星，又通過阿拉伯占星術而吸收了其中來自希臘、巴比倫占星術的黃道十二宮、四元素學說(地、水、火、風)，並與我國傳統的二十八宿、五行說、神煞系統並存而形成《七政四餘術》。此外，一些術數中的北斗星名，不用我國傳統的星名：天樞、天璇、天璣、天權、玉衡、開陽、搖光，而是使用來自印度梵文所譯的：貪狼、巨門、祿存、文曲，廉貞、武曲、破軍等，此明顯是受到唐代從印度傳入的曆法及占星術所影響。如星命術的《紫微斗數》及堪輿術的《撼龍經》等文獻中，其星皆用印度譯名。及至清初《時憲曆》，置潤之法則改用西法「定氣」。清代以後的術數，又作過不少的調整。

術數在古代社會及外國的影響

術數在古代社會中一直扮演着一個非常重要的角色，影響層面不單只是某一階層、某一職業、某一年齡的人，而是上自帝王，下至普通百姓，從出生到死亡，不論是生活上的小事如洗髮、出行等，大事如建房、入伙、出兵等，從個人、家族以至國家，從天文、氣象、地理到人事、軍事，從民俗、學術到宗教，都離不開術數的應用。如古代政府的中欽天監(司天監)，除了負責天文、曆法、輿地之外，亦精通其他如星占、選擇、堪輿等術數，除在皇室人員及朝庭中應用外，也定期頒行日書、修定術數，使民間對於天文、日曆用事吉凶及使用其他術數時，有所依從。

在古代，我國的漢族術數，甚至影響遍及西夏、突厥、吐蕃、阿拉伯、印度、東南亞諸國、朝鮮、日本、越南等地，其中朝鮮、日本、越南等國，一至到了民國時期，仍然沿用着我國的多種術數。

術數研究

術數在我國古代社會雖然影響深遠，「是傳統中國理念中的一門科學，從傳統的陰陽、五行、九宮、八卦、河圖、洛書等觀念作大自然的研究。……傳統中國的天文學、數學、煉丹術等，要到上世紀中葉始受世界學者肯定。可是，術數還未受到應得的注意。術數在傳統中國科技史、思想史，文化史、社會史，甚至軍事史都有一定的影響。……更進一步了解術數，我們將更能了解中國歷史的全貌。」（何丙郁《術數、天文與醫學 中國科技史的新視野》，香港城市大學中國文化中心。）

可是術數至今一直不受正統學界所重視，加上術家藏秘自珍，又揚言天機不可洩漏，「（術數）乃吾國科學與哲學融貫而成一種學說，數千年來傳衍嬗變，或隱或現，全賴一二有心人為之繼續維繫，賴以不絕，其中確有學術上研究之價值，非徒癡人說夢，荒誕不經之謂也。其所以至今不能在科學中成立一種地位者，實有數困。蓋古代士大夫階級目醫卜星相為九流之學，多恥道之；而發明諸大師又故為惝恍迷離之辭，以待後人探索；間有一二賢者有所發明，亦秘莫如深，既恐洩天地之秘，複恐譏為旁門左道，始終不肯公開研究，成立一有系統說明之書籍，貽之後世。故居今日而欲研究此種學術，實一極困難之事。」（民國徐樂吾《子平真詮評註》，方重審序）

現存的術數古籍，除極少數是唐、宋、元的版本外，絕大多數是明、清兩代的版本。其內容也主要是明、清兩代流行的術數，唐宋以前的術數及其書籍，大部份均已失傳，只能從史料記載、出土文獻、敦煌遺書中稍窺一鱗半爪。

術數版本

坊間術數古籍版本，大多是晚清書坊之翻刻本及民國書賈之重排本，其中豕亥魚魯，或而任意增刪，往往文意全非，以至不能卒讀。現今不論是術數愛好者，還是民俗、史學、社會、文化、版本等學術研究者，要想得一常見術數書籍的善本、原版，已經非常困難，更遑論稿本、鈔本、孤本。在文獻不足及缺乏善本的情況下，要想對術數的源流、理法、及其影響，作全面深入的研究，幾不可能。

有見及此，本叢刊編校小組經多年努力及多方協助，在中國、韓國、日本等地區搜羅了一九四九年以前漢文為主的術數類善本、珍本、鈔本、孤本、稿本、批校本等千餘種，精選出其中最佳版本，以最新數碼技術清理、修復版面，更正明顯的錯訛，部份善本更以原色精印，務求更勝原本，以饗讀者。不過，限於編校小組的水平，版本選擇及考證、文字修正、提要內容等方面，恐有疏漏及舛誤之處，懇請方家不吝指正。

心一堂術數古籍珍本叢刊編校小組

二零零九年七月

《三元地理正傳》提要

《三元地理正傳》一冊不分卷。綫裝。不著撰人姓名。清鈔本。未刊稿。虛白廬藏本。

三元玄空之學，自明末清初地仙蔣大鴻先生輯刻《地理辨正》一書以來，力闢偽法，大聲疾呼，遂尉為堪輿學之正宗，影響後世極其深遠。由以蔣氏主張守秘，天律有禁，此術絕不可妄傳非人，除其親授之門下弟子，外人實不能得其作法真相。以致猜測、破解蔣法之著，甚至駁斥、否定蔣氏之論，一時湧現，衆說紛紜，莫衷一是。清代中葉，大江南北之玄空學已有六大派之分，皆宗蔣氏，其說不一。迄清末則分派愈多，甚且有撰述一書即成一家之況，至今仍然方興未艾。

蔣氏自述其最初得無極子之真傳，是「有訣無書，貴在心傳」。後輯《地理辨正》、撰《天元五歌》等，則是「傳書不傳訣」，書中雖已把玄空理法提綱挈領予以注明，唯將真訣隱藏，留授門人。故凡得蔣氏真訣者，於讀《地理辨正》、《天元五歌》時則頭頭是道，暢通明白。雖云真訣乃口口相傳，而蔣氏門人數傳之後，已逐漸將真訣心得筆錄成書，作為家傳或授徒之秘本，皆未刊刻，唯以鈔本形式內部留傳。因此，後世若想揭秘蔣法，可於其門人傳下之秘本中，略窺入路。

三百年來，蔣氏門人中有秘本傳下而至今，史籍又可考者，唯得六人：丹陽張仲馨、丹徒駱士鵬、檇李沈億年、臨安于鴻儀、山陰呂相烈、會稽姜垚（尚有端陽項木林，著有《蔣徒傳天玉經補註》（心一堂術數珍本古籍叢刊已整理出版），待考），後世各派闡述蔣法之人，所本即不出此數人而已。其中又以張仲馨、于鴻儀、姜垚三人影響較大，系內留傳之秘本亦為較多。歷年以來，心一堂術數珍本古籍叢刊編校小組經眼者已不下百餘本，其中尤以虛白廬主人所藏為精，已涵括各派系不同源流之鈔本。

凡此諸多精鈔秘本，雖其文字演繹簡繁不一，此詳彼略，各有側重，因皆源自蔣氏一脈，故而內容實多雷同，正可取長補短，相互發明。今特選其中較精之數本，與予公開，若能配合已刊刻之書對讀，有書有訣，當有助於清代三元家風水作法之實況，信而可徵。

蔣氏三元法乃以河洛為本、先後天八卦為宗。凡秘本多有四句綱領口訣云：「河圖辨陰陽之交媾，洛書察甲運之興衰。先天八卦查氣用於穴中，後天八卦看形用於外象。」此四句已點明四者體用不同，學者不可混淆。

河圖只有老少陰陽之四象，不論方位，唯以交媾之對待論五行。先天八卦本諸河圖，一生一成，零正對待，三元氣運乃分，正氣入穴，此為體。洛書已有八方，天運流行之數分佈九宮，唯以流行之數論興衰。後天八卦本諸洛書，隨元流行，分方佈位，生尅制化乃彰，形理兼察，此為用。三元九宮之理，本於河圖；三元九宮之位，本於洛書。先天辨體，五黃居中不動，故八方零正對待。後天入用，五黃隨氣流行，故九宮飛星分佈。但先後天體用亦不能截然分割，會通二者，方可以言地理之正宗。

《青囊經》中已明示「順五兆、用八卦。排六甲、布八門。推五運、定六氣」為玄空風水之作法程序，而蔣氏在〈傳〉中更予進一步註出：「以五星之正變審象，以八方之衰旺審位。以六甲之紀年審運，以八風之開闔審氣。以五紀之盈虛審歲，以六氣之代謝審令。」象、位、運、氣、歲、令六者，即為全部堪輿之道。

明白以上體用關鍵，則可知龍祖出脈入穴、龍水對待兼收、合龍合向收山出煞、零正顛倒、正變四十八局、三大卦、東西四卦、七星打劫等等玄空作法之理。亦可解山水分用之不同、旋宮飛宮之差別、三元分東西兩片之奧旨。其中，「甲癸申、貪狼一路行」，為挨山訣；「子癸並甲申、貪狼一路行」則為挨水訣，此正是「山上龍神不下水，水裡龍神不上山」之具體入用口訣。蔣氏一脈以水龍為貴，一因其地近江浙一帶，亦謂此乃郭璞、楊筠松一脈相承之風水隱義。

秘本中幾乎皆錄有〈天驚三訣〉、〈山水秘訣〉、〈挨星秘訣〉、〈圖書生成穴法〉、〈九曜旋飛吉凶環致法〉、〈龍祖向水歌〉、〈楊公合龍合向收山出煞盤〉、〈東西四卦奧義〉、〈夾雜斷〉等等之歌訣或圖訣，過去均為必須守秘而不公開之資料。今選印之此冊《三元地理正傳》鈔本，即收有上述各篇。

另外，此鈔本中尚收有《地理真傳》之篇，乃摘錄驥江鄭熊著《蕉窗問答》部份。《蕉窗問答》坊間向來只見載於于楷輯《地理錄要》卷三中，今此鈔本之公開，則可供對勘之用。凡不同派系之鈔本，雖然篇章相同，其字句則或有少許出入，甚至尚有抄錄者之心得補註，讀者不妨多予對照比較，當可收互補長短、觸類旁通之效。

為令此稀見鈔本不致湮沒，特將原稿以最新數碼技術修復，用彩色精印，一以作玄空法訣資料保存，一以供同道中人參考研究。

龍祖出脈入穴之圖

天心十道圖

先天八卦圖

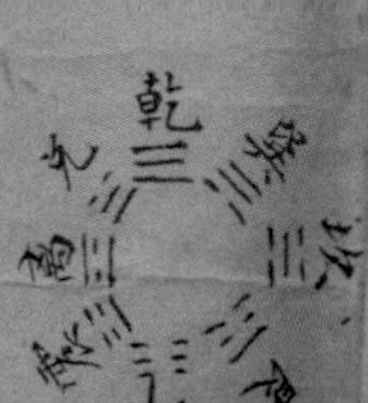

九宮中五陽上陰下九為乾一為坤自有九而逆數之震八坎七艮六乾生三陽也自一順數之巽二離三兌四坤生三陰也以八數與八卦相配而先天之位合矣

後天八卦圖

坎上水下故九離一坎水生燥土故八次九為艮燥土生金故七六次八為乾兌坎生濕土故二次一為坤濕土生木故三四次二為震巽以八數與八卦相配而後天之位合矣

天心十道歌訣

一對九兮二對八三向七兮四向六五氣相生自然福天心十道本圖訣脈來真兮明堂合得此妙訣與人擇不存心地勞休息凡向皆相生皆合十數此必然也但要來脈真明堂正來脈如穴入三三入二之來即乾祖乾入坤坎坎來是也如此則天心十道方有精義若徒一對九二對八之來合成十數為天心十道則淺陋不堪矣

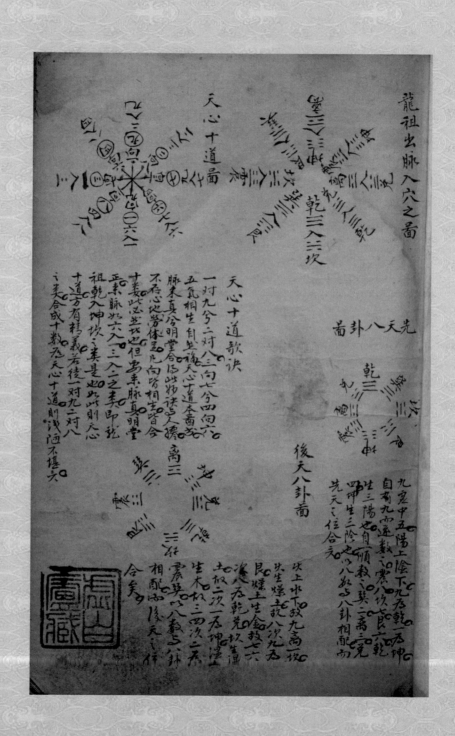

河圖

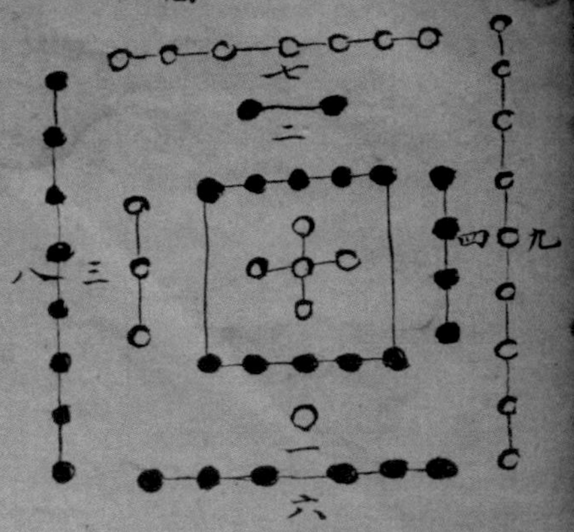

三元氣運，本於洛書。以天一、地二、天三為上元，地四、天五、地六為中元，天七、地八、天九為下元。至地十則與天五同在中元也。一生一成，生正成催，成正生催，生成正運，取其實理正氣入穴。此中有顛顛倒倒之妙，天生地成，地生天成，定於河圖。

洛書

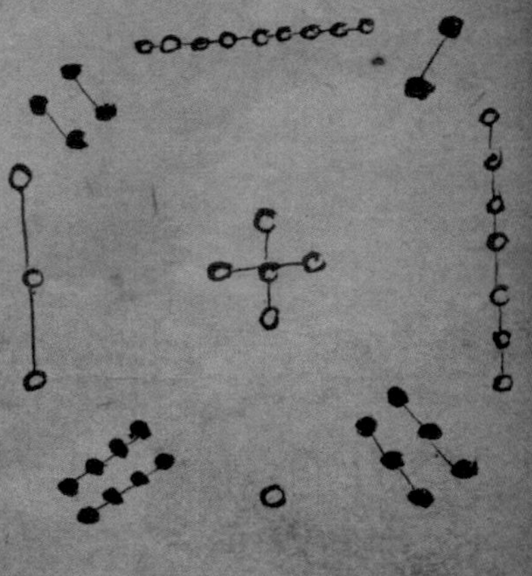

分方佈位，隨元妙用，定於洛書。

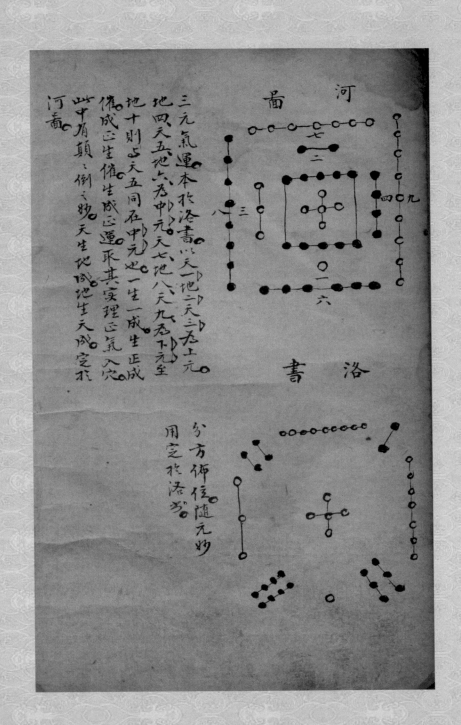

天驚三訣

河圖精義

河圖為地理之原。實為天運之本。生死之機。互乘於此。而興廢之代謝由是名。天一生水。地六成之。水為北方。故天之一在北。地之六亦在北。一生一成。相為經緯。天一當令為正神。即取地六之正神以助之。地六當令為正神。即取天一之正神以助之。而取洛書方位。對待之九與四為零神。

此處言正神零神、尚未涉方位言勿誤解

此理一六共宗。

地二生火。天七成之。火在南方。故地之二在南。天之七亦在南。地二當令為正神。即取天七之正神以助之。天七為正神。即取地二之正神以助之。而取洛書方位。對待之八與三為零神。此理二七同道。

天三生木。地八成之。木為東方。故天之三在東。地之八亦在東。天三當令為正神。即取地八之正神以助之。地八當令為正神。即取天三之正神以助之。而取洛書之方位。對待七與二為零神。此理三八為朋。一六老陰。四九老陽。零正相反。乃是自然交媾。二七少陽。三八少陰。零正相反。亦是自然交媾。

地四生金。天九成之。金為西方。故地之四在西。天之九亦在西。地四當令為正神。即取天九之正神以助之。天九當令為正神。即取地四之正神以助之。而取洛書方位。對待之六與一為零神。此記四九為友。

天五生土，地十成之。土居中央。故天之五在中央，地之十亦在中，以皇極而寄旺于四方，為樞紐。維繫乎八氣。此記五十同途。

水火金木，不得土不能各成一器。如天一生水，一得五便為水之成。地二生火，二得五便為火之成。天三生木，三得五便為木之成。地四生金，四得五便為金之成。其寄旺於四方而維繫乎八氣也。以此。

三元氣運，本於河圖。以天一地二天三為上元，以地四天五地六為中元，以天七地八天九為下元。至於地十與天五同在中元也。河圖之理，一生一成，生者為正，成即為備；成者為正，生即為備。而凡生成之正運也。取其實理正氣入穴，非取其河道所記顛倒。

河圖有理氣而無方位，有體而無運用。至洛書而方位出矣。

洛書精義

洛書之文與河圖之義，相為表裡。有河圖而無洛書，則有體而無用；有洛書而無河圖，則有用而無體。蓋論三元運氣，為本乎河圖；論三元方位，則不外洛書也。夫洛書之數，以一對九為十。以二对八為十。三对七為十。四对六為十。以地居四隅。天居四正。一生一成。相為經緯。一陰一陽。相為夫婦。九疇從此生。九宮從此配。九星從此推。而治國經野之道備矣。

天一生水。故北方之天一為上元首運。而必南方求地。蓋北之水不能自生。必須天九之金以生之。又地六以成之。故西北之地六為驗神。

地二生火。故西南隅之地二為上元二運。而必取艮方求地。蓋火不能自生。必須地八之木以生之。又天七以成之。故西方之天七為驗神。

天三生木。故正東之天三為上元三運。而必取兌方求地。蓋木能生火。故用天七之火以養之。又地八以成之。故東北之地八為驗神。

地四生金。故東南隅之地四為中元首運。而必取乾方求地。蓋金生水。故用地六水以養之。又天九成之。故正南方之天九為驗神。五十為中央土。是寄旺也。不論。

地六生水。故西北隅之地六為中元末運。而必取巽方求地。蓋水不能自生。必須地四之金以生之。之天一生水。故正北之天一為驗神。

天七成火。故正西方之天七為下元首運。而必取震方求地。蓋天不能自生。必須天三之木以生之。地二生火。故西南之地二為照神。地八成木。故東北隅之地八為下元二運。而必坤方水照。蓋木能生火。故用地二之火以養之。天三生木。故正東方之天三為照神。天九成金。故正南方之天九為下元末運。而必取坎方水照。蓋金能生水。故用天一之水以養之。地四生金。故東南方之地四為照神。

三元方位本乎洛書。而洛書之義。又不能外乎河圖。河圖之地六陰也。右轉而居乎西北。河圖之地八亦陰也。右轉而居乎東北。即二十四山陰從右轉之理。河圖之天七陽也。左轉而居乎西。河圖之天九亦陽也。左轉而居於南。即二十四山陽從左旋之理。八卦九宮之方位不外是矣。

先後天八卦之精義

先天八卦出河圖之有理氣。後天八卦出洛書之有方位。要之先後天相需為用。而生死禍福之道出焉。蓋分先天四陽卦為上元。四陰卦為下元。

先天四陽卦

上元後天一白坎當令。則必需離水長。離為先天乾位。乾為父。故為第一。而一六共宗。故六白
乾為照神。
上元後天二黑坤當令。則必需艮方水長。艮乃先天震位。震為長男。故為第二。而二七同道。故七赤
兌為照神。
上元後天三碧震當令。則必需兌方水長。兌乃先天坎位。坎為中男。故為第三。而三八為朋。故八白
艮為照神。
中元後天四綠巽當令。則必需乾水長。乾乃先天艮位。艮為少男。故為四。而四九為友。故九紫
離為照神。

先天四陰卦

中元後天六白乾當令。則必用巽方水長。巽乃先天兌位。兌為少女。故為第六。而一六共宗。故一
白坎為照神。
下元後天七赤兌當令。則必需震方水長。震乃先天離位。離為中女。故為第七。而二七同道。故二黑
坤為照神。

下元後天八白艮當令。則必需坤方水者。坤乃先天巽位。巽為長女。故為第八。而三八為朋。故三碧震為照神。

下元後天九紫離當令。則必需坎方水者。坎乃先天坤位。坤為母。故為第九。而四九為友。故四綠巽為照神。

上元陽卦先長而後少。下元陰卦先少而後長。以少者均要居在五　故也。蓋六卦先天來而後天不到。其效不神。後天到而先天不來。其驗莫應。如坎一當令。取兌離水。是後天到而先天未來。有離水而坎方實地正神。百步外不為水溝河道界斷者。是先天來而後天亦到。餘可類推。

以上內有正神者坐山也。零神者向水也。照神者水出口正局也。

天寶三訣。是天地之秘。即地理之秘。楊曾皆秘而不宣。大鴻先生得其訣而著之書。秘不示人。得者慎之。幸勿輕洩匪人。致干天律。

朱子曰。所謂天者。陽之輕清而位乎上者也。所謂地者。陰之重濁而位乎下者也。陽之數奇。故一三五七九皆居乎天。所謂天數五也。陰數偶。故二四六八十皆居乎地。所謂地數五也。天數地數各以類相求，所謂五位之相得也。天以一生水，而地以六成之；地以二生火，而天以七成之；天以三生木，而地以八成之；地以四生金，而天以九成之；天以五生土，而地以十成之。此其所謂各有合者也。又曰、相得如兄弟，取其奇耦之相為次第，辨其類而不容紊也。有合如夫婦，取其奇偶之相為生成。合其類而不容間也。

袁勉齋曰。天得奇而為水，故曰一生水。一之極而為三，故曰三生木。地得偶而為火，故曰二生火。二之極為四，故曰四生金。何也。一極為三，以一運之，圓而為三，故一而三也。二極為四，以二周之，方而成四，故二而四也。六之成水，猶坎之為卦也。一陽居中，天一生水也。地六包於外，陽少陰多，而水始盛。七之成火，猶離之為卦也。一陰居中，地二生火也。天七包於外，陰少陽多，而火始盛。故坎居陽而離居陰，以其內者為主，而在外者成之也。

劉雲莊曰。水，陰也，生於天一。火，陽也，生於地二。是方生之始，陰陽互根。故其運行，水居子位極陰之方而陽已生於子。火居午位極陽之方而陰已生於午。若木生於天三者，居陽。故其行於春亦居陽。金生於地四者，居陰。故其行于秋亦居陰。不可以陰陽互言矣。

河圖以生成分陰陽，以五生數之陽統五成數之陰，而同處其方，陽內陰外，生成相合，交泰之义也。洛书以奇偶分阴阳。以五奇之数阳统四偶数之阴。而各居其所。阳正阴偏。奇偶既分。尊卑之位也。河圖数十者。对待以立其体。洛书数九者。流行以致其用。故云相为表裡也。

刘云莊曰、圖之一三五七九。皆奇数阳也。而一三五之位不易。七九之位易者。亦以天地之间。阳為而主变也。然阳於东北則不動。於西南則互迁者。盖東北阳始生之方。西南阳極盛之方。阳之進数。又必進於極而後变也。

胡雙峯曰、圖书之数三同二異。其居中者不可易矣。独西南二方之数相易者。則金乘火位。火入金鄉。有相克制之义焉。此造化所以必易二方之位者。正以成其相克之象也。自二方既易之後。圖則左旋相生。书則右旋相克。造化不可無生。亦不可無克。不生則或几乎息。不克無以為成就也。

蕭里斋曰、河圖運行之序。自北而东左旋相生固也。然对待之位。則北方一六之水克南二七之火。西方四九之金。克东方三八木。而相克者已寓於相生之中。洛书運行之序。自北而西右旋相克固也。然对待之位。則东南方四九金。生西北方一六水。东北方三八木生西南二七失其相生者，已寓于相克之中。蓋造化之運，生而不克，則生者無已而裁制；克而不生，則克者有時而間斷。此圖書生成之妙，各全備也。左旋右旋之理，根於河洛，入官庸術之左旋龍右旋水，右旋龍左旋水，數者生沐浴，胡偉胡扯耶。

胡玉齋曰：先天八卦，乾兌生於老陽之四九，離震生於少陰之三八，巽坎生于少陽之二七，坤艮生於老陰之一六。其卦未嘗不與洛書之位數合。後天八卦，坎一六水，離二七火，震巽三八木，乾兌四九金，坤艮五十土。其卦未嘗不與河圖之位數合。此圖書所以相為經緯，而先後天相為表裡之妙也。

卦內生旺之位為正神，出卦衰敗之位為零神。高就生旺在山，平就生旺在向，則謂生山為正神，向水為零神。是指山阜說，然平洋之立向，正有無限活變之法，不得常執。

圖書生成穴法

一山六向共祖宗，巨破二星脈自同。三山失腳朋八向，地四窮途哭九龍。五十中央無去所。

辰戌丑未艮坤中，九星挨得符河洛，天地生成福無窮。

天地生成相為經緯，山在天生，向在地成；龍在地生，向在天成。是圖書精妙之至理。再將九星兆旋合乃河洛之义，自然發福。如天一來龍，即以天一為坐山，山之據而向朝地六，是乃天一之生，穴並乃地六之成也，斯為水局。地二來龍，即以地二為坐山，山之據穴向朝天七，是乃地二之生，並乃天七之成也，斯為火局。天三來龍，向朝地八，是為木局。地四來龍，向朝天九，是為金局。此生來龍，因以所成為向，而可成來龍，亦以所生為向。至於天五地十之地，即以五黃為穴，而立辰戌丑未坤艮之向，是為土局。然必隨地玩形，取裁立局，收山出煞，將令星克制扶助之方也。

原註：此楊公合龍合向收山出煞之盤也。第一層龍祖，二層二十四山，三盤挨山，四盤挨水，五盤水出正局，六盤水變局。要觀此盤第一層之龍祖，原係某穴從某龍而來，皆從先天入用之卦，又實從先天倒排來，出於八卦之內，自然相合。此顛顛倒倒之訣以然也。三盤挨山，須倒排八星，陽順陰逆，數四個一。如子之西，起壬一字，次丑，次甲，次辰，次丙，次未，次庚，次戌，此八字皆向左行是也。子午卯酉乾坤艮巽，此八正位皆向右行。子之東起癸一字，次亥，次辛，次申，次丁，次乙，次巳，次寅，此八字亦右行是也。四層是水出口之星，從水口挨起，陽順陰逆。來水挨到向上，去水挨到坐山是也。五六層正變局各二十四，即四十八局也。能合此即大地也。

挨山即坤卦乙巨門從頭出挨法。挨水即貪狼子癸乙甲申挨法，所謂水龍神不上山是也。

康熙二十三年起上元甲子甲戌一白貪狼坎水宮

父三戌乾亥出脉剥辛丑寅入二壬子癸山向丙午丁水出正局戌乾亥变局丑艮寅三山子只兼癸壬癸無兼口 並忌巳未二水

上元甲申甲午二黑巨门坤土宫

長男三甲卯乙出脉剥午丙丁酉辛庚入三未坤申山丑艮寅向水出正局庚酉辛变丙午丁局 坤只兼申未申無 三山並忌甲癸二水

中男二壬子癸出脉剥寅艮午入三甲卯乙山庚酉辛向水出正局丑艮寅变局戌乾亥 卯只兼乙甲乙无兼 三山並忌坤申二水

上元甲辰甲寅三碧石祿存木震宫

乾隆九年起中元甲子甲戌甲申四綠巽木宫

少男三丑艮寅出脉剥寅午離艮卯未入二辰巽巳山戌乾亥向水出正局丙午丁变局庚酉辛 巽只兼辰巳巳无兼 三山並忌坎水

乾隆三十九年起中元甲午甲辰甲寅六白武曲乾金宫

少女三庚酉辛出脉剥中子酉艮離丑入乾戌亥山辰巽巳向出水正局壬子癸变局甲卯乙 乾只兼亥戌亥无兼 三山忌丙午二水

嘉慶九年起下元甲子甲戌七赤破軍兑金宫

中女三丙午丁出脉剥癸甲子未坤壬入三庚酉辛山甲卯乙向水出正局未坤申变局辰巽巳 酉只兼辛庚辛无兼 三山忌艮寅二水

道光四年起下元甲申甲午八白左輔艮土宫

長女二辰巽巳出脉剥子卯壬乙甲癸入三丑艮寅山未坤申向水出正局甲卯乙变局壬子癸 艮只兼寅丑寅无兼 三山忌丁庚二水

一局山星巨祿貪向星破弼輔
水星武〻〻武破〻弼

二局山星祿巨貪向星弼破輔
水星弼破〻武破弼〻

三局山星貪祿巨向星輔弼破
水星破〻弼武〻〻

四局山星武〻文向星文〻武
水星破弼〻武弼〻破

六局山星文〻武向星武〻文
水星巨貪〻武貪巨〻

七局山星輔弼破向星貪祿巨
水星巨〻貪武武〻〻

八局山星弼破輔向星祿貪巨
水星貪巨〻武巨〻貪

道光二十四年起下元甲辰甲寅九紫右弼爲次宮

丑未三三坤申出脈剥坤乙未卯甲申入三三丙午丁山壬子癸向水出正辰向巽巳変未坤向申

午只兼丁丙丁申宮兼

三山忌亥丑二水

九宮山星破弼輔向星巨祿貪

水星武〻〻破巨〻貪

楊盤

第一層倒排星体
第二層八山二十四向
第三層即向上之星

挨定向上之星

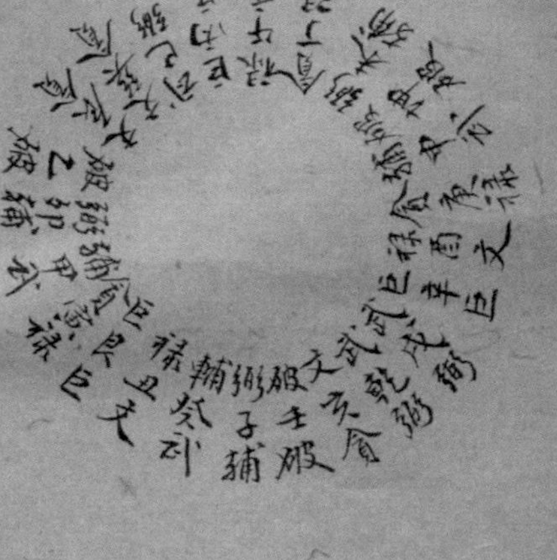

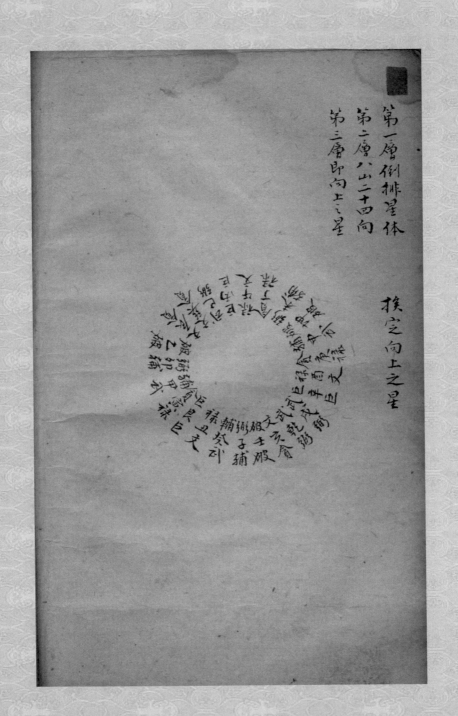

東西四卦次第就祖顛顛倒奧義

東西四卦之所以然。說見河圖者。以一二三為上元。四五六為中元。七八九為下元。而兼洛書方位之義。說見洛書者。亦以天一地二等為次第。而取五行生尅之義。去先後天之說。則以先天四陽四陰為東西之次。蓋以向上後天卦居先天之卦為定。而古鏡歌卦運條雖訣註。亦以先天四陽四陰之卦居後天之向位。即以後天之向上某卦。對照後天坐山某卦。為定。說者有至理。然尚未扶顛顛倒之所以然也。予因楊盤而細玩之。乃知楊公妙訣以象告而未明也。試觀其一層二層之卦。如坎上元首運也。祖就來自乾。坤上元二運也。祖來震。震上元三運也。祖來自坎也。巽上元四運也。祖來自艮。此上元東四卦。祖就自乾而震而坎而艮也。兼乾下元六運也。祖來自兌。兌下元七運也。祖來自離。艮下元八運也。祖來自巽。離下元九運也。祖來自坤。此下元西四卦。祖就自兌而離而巽而坤也。此皆後天自然而然之就祖。到頭結穴者。而究其所以然。原係先天八卦旋轉倒施。裝於八山二十四向之內。自然四陽卦居東。父在首。而三男由長而少。四陰卦居西。母在尾。而三女由少而長。在就祖上分次第。尤為自然。尤為明白易見。且凡名墓祖就來脈。皆後天之方位生成如此。然其生成如此。却實是先天倒轉來。八山皆如此者。既理先天至，而後天亦來；後天來，而先天卦，此是地地無不合福矣，而後知顛顛倒倒，而二十四山有珠寶也。至理排在楊盤，人多習不察，一經指出，則不可言。至武楊盤，其行大地之精微也。予著乾坤法竅所刊無極子授蔣大鴻天心正運篇，擬借楊盤湊合成之。蓋蔣公地学宏深，不應作欺人語如此，或此係後人託名乎，抑亦悲此道之隱也，而作此以算之乎。愚因撰集東西卦之說，祖出脈入穴山向水口正變諸篇，而附說於此云。

[redacted]

山水祕密　赤脚道人宋述慕譯著

巽坤離兮巽坤離，山水龍神箇箇奄。乾震坎兮乾震坎，一家骨肉一家宜。卦兮兑艮流三合，兩箇東兮兩箇西。此是元宮真妙訣，毋容濫授洩天機。

中陽子曰：先天之巽，在後天之坤，有未坤申三山。先天之坤，後天之坎，有壬子癸三山。先天之離，後天之震，有甲卯乙三山。皆言山與向及水城。以巽入艮，坤入離，離入兑也。巽入艮而向上甲癸申之貪，子未卯之祿，坤壬乙之巨。坤入離，離入兑亦然。不但出脈是此三卦，而剝換山向水口城門亦在此三卦也。蓋後天艮山坤向，則坤要出先天離，即甲卯乙，亦可出後天坎，即壬子癸。後天離山坎向，則坎水要出後天巽，亦可出先天巽，即未坤申。先天

坎山（中女）離向則離水要出先天巽。即未坤申。亦可出後天巽。是謂向局水皆巽坤離。故曰、山水
謂神箇箇有也。下元局也。
先天之乾。在後天之離。有丙午丁三山。先天之震。在後天之艮。有丑艮寅三山。先天之坎。在後
天之兌。有庚酉辛三山。皆言乾震坎三卦。以後天乾入坎、震入坤、坎入震也。乾入坎。則向
上是艮丙辛之破。午酉丑之殺。寅庚丁之輔。震入坤。坎入震。亦然。是出脈剝換謂向水
城。皆在三卦也。蓋坎山離（父）向。則離水要出後天乾。亦可先天震。即丑艮寅、坤山（長男）艮向艮水
要出先天坎。亦可出先天乾。震山（中男）兌向兌水要出先天震。亦可後天乾。是謂水城以乾
震坎。故曰、一家骨肉。宜上元局也。
先天兌。即後天巽。巽非艮謂不是。先天艮。即後天乾。乾非兌謂不貴。曰三合。又曰兩箇
東西卦。乾分西卦。內有申子辰一局。巳酉丑一局。巽分東卦。內有寅午戌一局。亥卯未一
局。故曰三合（兩）箇東西也。巽（少女）水當令。要出先天坤。亦可出先天離。乾（少男）水當令。要出後天離。
亦可出後天兌。巳向、則謂宜酉丑以扶之。辰向、則謂宜申子以扶之。戌向、則謂宜寅、午以扶（輔）之。
亥向、則謂宜卯未以配之。兩水之出。則照乾巽之宜。此中元各分局也。

凡此皆龍合向，向合水，水合三吉，並非泛泛積累之家，焉能獲此全美。

乾巽二卦剋換局

乾剋艮離，戌剋寅午戌，亥剋亥卯未，巽剋離艮，辰剋申子辰，巳剋巳酉丑。

三元分東西

上元坎坤震三卦六十年，並中元巽四宮之三十年，共九十年，一家用，名曰東卦，去西卦之水。

下元兌艮離三卦六十年，連中元乾六宮之三十年，共九十年，一家用，名曰西卦，去東卦之水。

總論

東西兩卦，當東時必東四卦之龍，一家骨肉需收西四卦之水以配之，方不出卦，一杂他卦則出卦，西亦當西時亦然。若水龍則又不然，水龍以水為龍，宜坐煞向旺，要秉來水幹中之支，要抱兜收迎，取向上旺氣，不拘坐下或泥或沙，只要坐後水龍活潑生氣，向前旺氣凝聚，朝對拱揖，陽宅仿此。

夫陽宅有三格，市城鄉縣，及山村不同。在市井比千門萬戶，全以通街門路為主，而倚山水比似鄉縣，則形勢寬闊，堂局開展，或大江大湖瀠洄曲抱，有情為主，加以門路合式斯為大局。在山村又不同，四望皆山，中間開陽可定。全以氣口為主。氣口者，水之合聚出口也。看出口係何方，即知何方興廢。門路亦然。陽宅較陰宅更穩，當留心也。

東四卦十二山向

壬山丙向，收向上丙水貼身，乾水上吉，艮上有來水亦吉，餘水亦凶。子山午向、癸山丁向亦然。

以上坎一宮，壬子癸三山也。東卦九十年亦吉，皆不宜坤、巽二水混雜出堂。

未山丑向，收向上水，左坎右震有水入丑，或丑水出震出坎亦凶，兌水貼身上吉，離水亦吉。

坤山艮向，收向上水，左坎右震不宜混雜，出坎出震等方凶，兌水貼身吉，離水亦吉。

申山寅向，收向上水，不宜坎震夾直凶來，貼身兌水離水亦吉。

以上三山俱不宜見坎、震、巽水。

甲山庚向，收向上水，出乾上吉，兼艮水亦吉，坤巽水凶，艮上塘水遠照吉。卯山酉向、乙山辛向，皆收向上水，出乾上吉，坤坎巽有水皆凶。

以上三山皆不宜坎、坤二水夾雜穿堂。

辰山戌向，收向上水，出兌吉，出坤坎凶，貼身離水吉，右震水凶。

巽山乾向○收向上水○出兑吉○貼身離水吉○見坎▷震▷坤▷亦凶○

巳山亥向○收向上水○兑水▷亦吉○貼身離水吉○坎▷震▷二水穿堂凶○或由乾▷出坎▷入坤▷到坎▷皆凶○

以上三山、皆不宜坎坤震水混雜穿堂○

西四卦十二山向

戌山辰向○收向上水○出震吉○貼身坎水上吉○坤水亦吉○見離水入巽凶○兑水亦凶○

乾山巽向○收向上水○出震吉○坎▷坤▷二水會入震▷吉○艮▷兑▷二水去流凶○離水亦凶○

亥山巳向○收向上水○出坎吉○勿令震▷水出堂過離○離〻水到堂○出巽▷出震▷出艮▷又勿令艮▷水到堂○出巳▷兑▷水艮▷水皆凶○

以上三山、皆不宜見兑▷艮▷離▷水○夾雜穿堂○

庚山甲向○收向上水○出巽上吉○艮水出巽凶○出離亦凶○坤水貼身上吉○坎水亦吉○

酉山卯向○收向上水○或巽水到堂○出坎上吉○貼身坤水吉○艮離二水凶○

辛山乙向○收向上水○出震▷巽▷亦吉○離艮水過堂○出震▷凶○坎水貼身吉○

以上三山、皆不宜見離▷艮▷乾▷水夾雜穿堂○

丑山未向○收向上水○忌離兑二水混雜○出坤▷坎▷出震▷凶○

艮山坤向收向上水。不宜兑水混杂。震水贴身吉。坎水亦吉。

寅山申向。收向上水。宜坤上小壇一口。震水贴身吉。不宜离、兑、二水混杂穿堂。

以上三山皆不宜艮、兑、二水。巽水贴身吉。坤、水亦吉。

丙山壬向。收向上水。右肩巽水。贴身上吉。左肩坤水。亦吉。忌見艮、乾、二水。左右混杂。

午山子向。收向上水。不宜艮、水入坤、出乾。乙、水入坎、出艮。巽水贴身吉。坤水亦吉。

丁山癸向。收向上水。切忌乾、艮、二水夹杂到坎。只宜巽、水贴身。坤、挨揖。兑、水亦不宜見。

以上三山皆忌乾、兑、艮、水夹杂穿堂。

凡此皆天机真指。切不可滥与不忠不信之人。天律甚嚴。不可忽也。

夹雜断

坎卦清纯富且貴。夹亥女死丑傷男。艮卦飽滿丁財發。杂癸淫賤、貧穷甲。震巽一氣原同路。夹丙傷財寅傷婦。离卦左右皆非侶。夹未傷男巳傷女。坤卦原来人財與。夹庚傷財貧賤丁。兑乾准变卦是同胞。夹申傷女壬傷財。

此論正、神不可夹。而零、神亦要分清。公位不可杂。他宮来去。来去不可杂。清纯上吉。

倘水出入混雜。則吉凶參半。與其吉入凶宮。復從凶宮出口。不如凶入吉宮。仍由吉宮出口。總之出口宜在四吉宮中。不宜在四煞界內也。　詩曰。吉入凶中凶入吉。凶流吉去凶枕吉。若逢吉入凶中去。依旧吉而終不吉。半畝荒田四直流。元龍却自遠山來。儀然十道天心合。只是無人會剪裁。

楊公陰阳二宅夾来断

坎水當令。只怕乾水來入。並富貴而無丁。乾水當令。又怕坎水來入。並丁多而貧賤。若乾水當令。流入坎宮而去。則女人必淫行。若坎水當令。流入乾宮而去。則家主必淫家婢。且老父與中男必多不和。坎逢艮水哭少丁。艮入坎投丁多窮。坎入艮宮艮入坎。兄欺弟來弟欺兄。震水當令。最怕艮水來入。並富貴而傷丁。艮水當令。又怕震水來入。並丁多而貧賤。若震水當令。流入艮宮而去。則兄弟多而弟奪兄權。爭奪敗財。艮水當令。流入震宮而去。則兄弟不和。而兄奪弟權。因訟亡身。

巽水當令。最怕離水來入。並富貴而賤。離水當令。又怕巽水流通。並貴而貧。再加出入混雜。傷女無疑。主長女與中女多不終。巽令離來富而賤。離令巽入貴地貧。若是再加他宮混女人死尽男伶仃。

兑卦当令，不怕乾，最怕坤水来入，兑富贵而多困穷。坤卦当令，固怕离，而最怕兑水来入，兑富贵而多贱行，且少女与老母更多不睦。兑来离水贵长兑，坤来离水富贱行。若见他宫穿乱来，富多丁贵寡妇淫。

东西两卦，各有应临水，一出卦吉凶显然。惟乾兑乃东卦之水，此两卦不怕夫来，震巽乃西卦之水，亦然。余皆怕夫来。此山水紫蜜之诀，权审龙配向，祸福全凭乎此。

八卦中，惟南北两卦为至贵绵远，先天后天阴阳配合最妙，乃六卦之大祖宗，能统六卦子息，权阴阳二宅，多取坎离二向。

切身夫来四山向

八卦又坎离艮坤四卦易犯夫来，如坤向左肩有离来水，右肩有兑水，若兑来离去，必主目疾，逢七赤到离，必主火灾。若离来兑水出，主生小儿缺唇，而女人多火痰，犯血崩。若艮向，左有坎水，右有震水，水相克，主兄弟不和。若坎水出震，震水出坎，主兄弟妹嫂自相戕贼，且搆讼不已。若坎向，左有乾水，右有艮水，主老父与中男不和，二奇与三弟不睦。若乾艮二水交合。出坎。父子兄弟不順。而主僕與有淫行。此爲向、左有巽水。女傷而男貧。右有坤水。則母女皆危。而守寡。長女與老母並受中女之害。而媳罵太姑。男人損目。父賤乏嗣。

八卦夫妻断

坎卦莫連亥丑山。亥傷女兮丑傷男。艮連寅位知淫亂。見甲貧窮不用參。震巽兩山一條同。左兼丙兮富而窮。若还右边兼寅木。夫妇夭亡絶祖宗。三阳是怕羊蛇侵。巳女未男必損丁。坤若常庚財必敗。未兼丁兮賊而多兇。兑乾二卦兩和谐。最怕壬申左右挨。富兮困窮壬夫左。右臨申位妻孥災。

断分房

左遇凶星長房敗。右遇凶星少賣田。前後凶星辰皆丑。断定中房絶仔快。

東四卦人宜住东四宅。宅屋房门與灶。西四卦人亦然。男女同在一宅乃順。此一家有东西家兮則各居其宅。

上元男命生人一白起甲子。中元四綠起甲子。下元七赤起甲子逆數。男命女在五宮寄坤。女命在五宮寄艮。

排山掌訣上數。

第一要論灶以家長為主。命在东四西四。總要命合運為上吉。如女命生人上元中五起甲子。中元二黑起甲子。下元八白起甲子。排山掌訣上順數。

順論流年陰阳不拘

聯野倚水立局。水要分明。东西兩卦之妙。不拘偏左偏右。只要有情合元。不尖不射。不及不太等弊。皆可立局。若屋多之中則又以本宅、門路而論。城市則全論氣。山谷則論氣兼水。總不离三卦、九運。此陰陽二宅之總訣也。

九曜旋飛吉凶環致法　即水裡龍神不上山

貪狼子癸与甲申。壬卯未坤乙巨門。辰巽巳戌乾亥武。酉丑艮丙辛破軍。寅午庚丁四位上。右弼之星次第臨。將山作主翻臨向。逐卦逐爻順逆臨。貪輔吉凶隨運移。廉归五位不同論。旋飛空位流神忌。庚向辛位定卦名。若有水口來、沖動。沖破陰陽多受禍。

[redacted]

点穴十要

一要主星形体分明。二要生机旺氣凝聚。三要穴前祠堂明白。四要玄空四庄分明。五要動靜授受相承。六要合襟界水聚會。七要龍高低相應。八要前後案樂相證。九要朵金相水不差。十要坤門関鎖得宜。總要合元察龍也。

八不嫌

當作凹風

一曰平陽不怕風。風煞 二曰水口不嫌高。三曰朝水不嫌傾。合運 四曰順水不嫌沉。五曰脈急不嫌脫。六曰脈緩不嫌吞。七曰罡曜星辰不嫌瀨。要有情狀高俯 八曰形勢孤露不嫌隱。

八怕

一怕山谷凹。悲蚁 二平陽怕散漫。悲水 三支龍怕死。係局 四幹怕淺。五怕小巧。六氣厚怕小。七怕宜直沖。八怕水直牽。

九星論穴　此言尋穴之星也

貪狼作穴是乳頭。巨门作穴窩中求。武曲出穴釵鉗覓。祿廉梳齒犁鏵頭。文曲作穴坪裡作。高山亦是掌中藏。破軍作穴如戈矛。兩边左右手皆收。輔星作穴燕窠仰。若在高山挂燈樣。弼星低平是鷄窠。縱有圓頭亦凹象。蓋將識龍尋形模。尋得龍家模骨真。富貴令人無休滅。

五行論穴　不宜本　此言点穴之星也

金体圓扦其差而突。木体直扦其节而卩。水体曲扦其泛而靜。火体尖扦其焰而尽。土体方扦其飢窟。乃九星所属五行。必依此法扦之方妙。

朝山論穴

案对也。取其相应也。如賓主。如夫婦情誼。相投形勢。相聯奇峯特出。直中取的。星峯連秀凹裡平分（不高不低）。高則看眉。低則看心。故曰惟有朝山識倖心。朝若高对高處點。朝若低对低處鉆。

明堂論穴　此言穴前之明堂

結穴處必有小明堂。收小界水合入堂內。正則居中。偏左則居左。右則右。如盤盛珠。斷無一偏之明堂。要水不傾泄。山不缺。斯為全局矣。

水勢論穴　又宜認上中下元合局

結穴處水必彎環沉聚。合正變要之玄水聚左右。穴歸左右山　水隨。水合則山住。此水以証穴也。

樂山論穴

龍形多曲折。不可太多結穴多不對頂顧。穴後必生一山為樂。不拘他山本山。只要坐後對對為穴。直來多坐本祖。木生必是他山。

官鬼論穴

橫來須有鬼。直來定產官。後托為鬼。前托為官。又曰、無鬼不富。無官不貴。

龍虎論穴

龍過水、穴倚龍、虎過水、穴倚虎。左右單提。穴倚單提。龍虎俱高穴亦高。低亦低。俱中。偏。穴中。偏。龍高則壓塚。低忌露坟。

左右前後論穴

左右前後取之四應。生不宜偏。案不宜斜。夾耳不宜進前退後。故定穴先宜看穿睁十字。後枕前對尖左右對睁。

分合定穴、

上有分水來明。下有合真住真。此小明堂內合水。即時師謂蝦鬚蟹眼金魚牛角是也。有合無分來不明。有分無合住不真。

曜氣論穴

龍虎肘外或氣發現為曜。亦可論穴。左有穴居左。右有居右。双曜穴居中。長而清者貴。短而擁抱護龍。長方有初中末有。

認氣論穴

龍入首無脈不作窩鉗乳突則難扦矣。此陽氣或鋪於巔。或鋪於麓。或托於浪花滾月。雪裡亂綵。此氣穴也。人但知葬星而不知葬氣。葬氣之法。高者貼巔頂而扦。低者論氣勢而扦。如滾月亂綵。在有無相變。臨弦而離水。大約不外乎此法。既詳寧脫脈以就氣是也。認氣之妙。難以明言。斯其大概耳。必待師指點發驗。然可悟此。

予請下一轉語曰。浪花滾月。須看浪月之文。雪裏梅花。細悟雪綵之迹。其座凡有居乎。

直脈論穴

直脈者。龍直來扦穴多宜脫煞。必須重重換積。撐門鎖之乳。方若眠倖少緩閃煞可扦。又云。直送直奔。有氣須扦。無氣切不可頂煞損丁。

斷脈論穴

斷脈者，龍形兩頭大。中間小，如折藕藕絲。又如銀錠錠中。認定左樂。用騎。龍。斬關。扦之。故曰斲不顧，或空。

漏脈論穴

漏脈者，大山之下。胎息之旁。往漏一線。入于平地。或他起堆阜。此真氣旁漏。穴宜就頂扦。扦宜合局合元。

偷脈論穴

偷脈者，此脈少見。是平中草蛇灰線。連串龜脊。起於平中。詳其來處扦。扦要明堂四應乃真。

飛脈論穴

龍行如蛛絲馬跡，飛燕遊絲。勢多斜旋。擇其衆山圍繞。中取其端正者扦之。

平脈論穴

平地地就四圍。田高繞護。中間田低。又起一級。高田為脈。外高田為龍虎。看水之處。認掌心扦之。

長脈論脈穴

龍鋪平出洋。悠悠遠去。或出或沒。或大或小。蕩蕩氣長。求之。當氣聚扦之。須要認中。乘去氣也。

短脈論穴

正龍未住。只於行路上前一二節。或聚搆處一脈。結穴處宜扦。中正不偏不倚。合元。小者失元。不妙。以正龍尚行氣不畜也。

正脉論穴

龍行中出逶迤欲活星辰端秀。只看明堂正中。急則閃煞。硬直脫煞。元武嘴長壓煞扦之。元武頭縮屏煞扦之。正坐居正。斜坐居斜。乘生避煞之法也。

[redacted]

論水生蟻

乙辰水生蟻從辛戌方起。未坤水從丑艮方起。丑艮水從未坤方生起。辛戌水從乙辰方生起。俱從對宮照生。若坤水多申少蟻。艮水多寅少蟻。

地理真傳　摘錄進寔問荅　驥江鄭盤西載著

六則

葬不可不知天。大地。一人身也。氣周於身。達之於脉。經行有六。陰數三。陽數三。是故高山一墩阜一平岡一平洋一平陽一平原一。氣多沉為陰。氣多浮為陽。顧法可乱用哉。

高山墩阜勢隆起。体為陰。法取陰中之陽。故穴必窩。但而後必坐高。高則壽而秀。低則愚而夭。（窩為陰中之陽宜用此穴）

平洋平陽勢窩坦。体為陽。法取陽中之陰。故穴必隆。而後坐必低。低則壽而秀。高則愚而夭。（高為陽中之陰宜用此穴）

坐高砂亦高，高而關風者丁旺，漏則丁衰。山阜之砂，左缺絕者，右缺絕者，人有砂依穴，高淺開上半有蚁，深開下半無蚁者，上漏風下關風也。

坐低砂亦低，低而通風者丁旺，蔽則丁衰。平洋平陽貼穴左高絕者，右高絕者，遠高抱穴反者，旁高隔水無妨。

是四則者，陰陽正相反，而各用者也。間有山阜氣旺，右脈右關漏風而有丁者，亦有平洋後高者，水相抱而有丁有秀者，相反之中，宜活看。

平岡則後坐多實。平岡起頂出脈之山，穴開則後必坐實。間亦坐虛而發。平原則後坐多虛，間亦坐實而興。

脈之濶者為陽，而穴於狹小處，陽中取陰。脈之狹者為陰，而穴於舒放之處，陰中取陽。至於左右砂之高低遠近，有邊無邊，活看為宜。無砂一邊，必有水抱，故曰水纏即是砂纏。亦有下砂高大逆關穴前，前去水上低，為現出來水照穴者也。山穴關風稍異。

有高山墩阜結於湖心江畔者，則兼收水法之照神。幹龍正結，每襟江而帶湖，力量宏大，較深山無水之處，徒作精神更加數倍。水論三元之衰旺，照神大者力勝於照，當參之，興廢半由於此。

有平洋平陽在墩岡側者，則兼消星峯之砂法。有山隈石盤而用平陽浮法者。陰石外陰，堅不可鋤，陽石中四有罅可鑿者，隨深淺下之。其氣真穴的，而石平如鏡者，培土攢葬者大發。

有平原氣厚，而用高山沉法者，土厚界深故也。其平岡多結水濱，跌落平岡多結於砂會水交之處。平陽亦間生山麓。月講師曰：高山十丈作平陽。

又或平陽高墩，與平陽相類。或平岡穴濶界淺，合水就局，與平洋平陽相類，亦須培土成盤，借以成星住氣。陽中仍陰方成吉穴，平中有突容水無侵。經云：聚之使無散也。

或先天平陽無脊脈而有台盤者，與平岡平原相類。平地生成高土。

方忌成象，生氣多歸邊腳，但無脈証耳。無砂証穴，似亦同于平陽。

或靜水平洋，低田深跡，兩邊開界者，與平原相類。池沼為靜，田路低深三尺者，即作水推。

種種不一，法法相參。
若彙根柢，統於河洛。當圖經天，配天干十數，積而造歷；書方緯地，佈地支九宮，週而紀運。上元一統，黑碧佐治；
中元四綠，五六紫崎；下元七統，八九迭粉，錄水五，看建起，迭次九曜，旋飛吉凶，拯救悔吝之司，令星是時此乃
地學之神律，至管郭各異。
脉既分乎六龍，運各辨乎三元，而相地之法，其更有進焉：穴分上下左右，葬分淺深浮沉，（界深宜沉，界淺宜浮）向分偏正饒減，
（憑唇就界，後急吞吐）砂分增削高低，以及羅圍之大小，倉庫台盤之凹凸方圓，塚墩之木金火土，或出水，或關風，
或迎生，或化煞，隨地而異用，究精而殫微，是必須人事以成之。
名山巨區，結而成珠，融而為暈，乃大造陰陽，摩盪於千億萬年，留之以有待於時，其（氣）盛而勢耀，形顯不可以掩。
尺之內，奈何無區寰之用，缺陷理之宜，審先天之秘蘊，而道其隆道哉！是以砂水縈盤，恒賴有曾楊之手眼也。
葬者，遊者，游魂以乘生氣，急風舞鶯翔，此形象之生氣也。（斷斷續續，起起伏伏，左栖右內，陽變陰化，乃形象入首之先務，但今當元於運會之生氣也。統論六十年大運為當元，細分二十年小運為當今）
而尤必葬天之大生之氣，為堪輿第一義。今夫庶物露生，大都坼甲於土膚，（種太深於其苗不出，葬太淺於其後必絕）土膚之上空而陽於為
天，其下實而陰於地。蓋物逢陰則殺，逢陽則生也。乘氣於乘陽氣也，乘陽氣於乘天也。氣，天也；形，地也。葬與穴之高也，形
隨氣起，地上交天，而天下包地也。堂與界之張，氣隨形降，天下交地，而地上包天也。葬於藏也，藏於天地交之中也。故識地

中所合之天，宜覓天中所合之地，內以合天，其象坎也；外以合地，象則离也。

高山之地，脈由巔頂上而下過，葬多沉然，必界空砂衛環，以天陽照臨乃來。若頑一片，則陰結聚矣。

墩阜之地，氣自地升，下伏而上行，其立穴也，沉以七，浮以三，扞必边唇肥厚，高出衆畦（釜中炊飯，火下盛於上沸乃還，墩阜之脈相類是）用。

玄三曲之天，否則兩界不明，而生氣莫即。

平岡之地，枕行扁闊（田龍起脊，脈承一線，塊平闊也，人多以平陽概論，誤矣），浮沉宜半（宜半培土，浮以捍禦客水，藏星住氣），其大江南北，山左山右，地有疏狹厚著之不同，然必兩畔依空，界神清澈（地界太河為上格，界小河次之，界田原乾流砂次，大略如此，亦有內界田原外界河流者，尚須活看），前有小堂，四陷餘氣層低。

穴以三曲之天，不以没界穿堂，致侵客水（平岡界浅，有全浮而大簽，其土色不拘也，若泥手土色而過深，反為吉地之殃矣），山之三陰，遠地之蒸乎天地也（穴星小巧，而尖且屋以扁大，純門弦上尋木卩，金边并土角空汞折自清真）。

平洋之地，脈以向收，向以水定（系高作坎貼，艮作坤之類），圓界環抱，曲水引氣，培穴塞河，天光浮露（近水葬深，丁亦絕，但須伏起作陰盤），大都二丈而近二丈而還。教曰乾胎然固，祢人心遠水安坎，死氣侵沾者，水痕扞貼，陶陰陽交度，自生氣要之，穴宜臨下而坐，必居高阻泄之場，奚堪瘞玉（立穴近河而來旺氣方妙，若乘殺照見水光，便多敗絕，左應長房，右應小房，中男往以公位，若然見蓮龍，男女失其踪）。

平陽之地，中多藏脈，與平岡異；外鮮環流，與平洋又異。其地衍以散氣，四達而不守，道在培土成星（必須有麻方可），（培土下穴）置棺其上，使游走之氣遇星而結，平中一突，毓聚天陽，薰蒸磅礴，曲表而達，是其培也。高不過二三尺，闊不過四五丈，積或逾丈，名浮突沉地，多夭少，行將冷退而丁絕。

B 平原之地，形厚而氣豐，北郡為多，立穴恆在高坪，其通天之法，係坐低空，前來堂局，傍倚乾流，道甚略近平陽。而一尺以高象其山，一尺低象其水也。

蔣公曰：江北中條平地，无山切莫强尋蹤。乾流隱隱，看真水葬法，實與江河同。

實係先天卦之，非若平陽一路就局來砂，或借人工排築而成也。

北地之穴，之隆隆起一線之脊，其扇平岡，其平一片之氣，有乾流以格略界，故則平原也，而葬法則與平洋平陽同，而浮沉各異。

此三陽之地之上，葬乎天地也。

不究乎穴，名為貴葬之，大抵來就乎里，要歸八尺。

脈扶棺多葬之不吉，故只以氣勝棺則吉，以棺勝氣則傷。

八尺坎沖陽和，陰至精至粹之生氣也。

急硬中暴，氣未和，當未高內粗突起，陰重多陽，空是旁行，故只從脈沉微。知氣旺來情呈露，是窩花合三吉，多因生坎出，四凶只為粗挨強。

有此地土交天，多成乳突窩為陰，純陰不化，不可以穴，或生四靨，或生層，而陰中之少陽見之。

脈体坎自扶而濶，立体坎自峻而半坐，体坎自聚而仰，皆陰化陽也。

天下交地，多作窩鉗，而層陽純陽不變，或生毬，或生稜弦，而陽中之少陰見矣。

自濶而狹，自平而峻，自仰而聚，皆陽化陰也。

陰多坎凶，下而來陷到頭粗破，穴難尋高，却來就向之孔窟。就局乘生埋底窟，而砂圍抱水合襟。

陽多坎凶，上而就陰。

到頭平坦成陽体，扶作門堆，蓋枝來或作騎龍脊上尋。

是故星辰成象，而穴以呈天地互根，而穴乃就，則以陰陽之氣，固以老而化，嫩斯生也。

突不已飽，窩不飢，陰陽相合嫩老合。

但乘此八全之氣，上下左右，皆尋確証，分清十字，交闔方可放手下穴。

言彼方凡指中為中，未為中也，繩其四角腰折以為中，而中之十字顯矣。

拿定十字，証拋穴，幾點出其為左右分中也。坎定之盤壁，看前唇後枕。

枕如文椅，唇如龜裙。

前堂後樂。

即穴明堂，空是圓不

並非意擬亂猜，方不悞人。

圓穴怒在旁边秋穴後空 前官後鬼 貴龍前必有官秋龍後必有鬼官与鬼间 前案後屏 案在貼身必
凹穴側頂俱要樂山 有偏对者須兼審乎穴暈元辰堂案也 欲其彎環又卦
脈大地或前或後多有出面 前朝後照 大地必結之貴朝山前直相向不必小地之倚朝偏向也 平岡穜穜不了一明証則下
土屏有土斯貴故曰善星 又大地必有遠坐山峰照穴单坐其頂 其四平周瞰阜
十字之一竪上下分中者先看兩砂曲池之彎抱 或微圓新見或曲如角尺兩砂相对穴在中间如癸山丁向兼子午者其
兩边拿穴處必乙辛兼卯酉十字元微天然不爽左右依砂彎處別高低
隨界閭相宜 再看兩肘睜曜之夾圓 短者為曜長者為曜必生氣之發現穴或正对或微上或微下曜亦生砂背者 更看
中有有遏尽結則有力与官鬼並重又曜在官鬼外要四山仍来則结聚始真
夾穴之蛮頭 大地方生夾穴蛮頭是名太乙有兩边齊均者有边尖 及指穴之襯砂龍虎內小砂如指頭与穴齊名曰指頭砂又出深大不見外案旁生一
边圓边大边小边远边近边急边有者須要活看
小石定穴上下名指頭砂 種種不了一明信乃下十字之局 其有未經鑿破之真穴則但取证於太極暈星 凡鑿破成田者隱看必要证砂 靜
覌諦視中必微微隆起旁有微微低界蟹眼上分金魚下合 金魚明暗分生死弓脚偏者有水性 唇前小堂微又窩聚 亂哭直前平暈
下畧低似掌心塌窠螺靨樣 斯為乃之反是而求則為陽暈乃略略依以圓圈此又即窩角暈 窩太深者又当别論
微茫陂㘭不甚明
陰中求陽之法也 容暈之呼吸參盪識生死活濇恬肥高不破毬而傷龍依不离簷而脱氣
旁不出暈而侵界 暈星既定四圍諸证自並在合而不差
平陽平洋既名生成之暈星文名生成之穴証八尺之乘其法出在化生和阳則滴命外聚星衛有情
堂學朝拱附則培土成星取氣於之活象者為生或死边或挂角或闲口或出唇或腮凹或拖带或高低折浪
或一櫂相生 俱有 畨 法固不備詳於載於幕講師千里眼一書
平洋則取小枝之息道收大幹之通流 旁入不分名息道 漏道多錯堪成空定卦成龍水竅程浜底水聚扦龍頭穴 經曰穿珠乳 源頭即特富貴

浜腰水彎抱、龍腰浮水為抱、龍尾穴往曰局闊大則不或兩朝於上下或拱纏於左右或五吉八神之齊照蔣公曰不是八
巧支牙紫小而有情

神齊照穴出元元局莫相依 內必水纏砂抱而生旺乃固 外必水朝砂護而生旺以凝 順流隨水案為殺 此穴名為破城裏朝水案外情循纏 此穴自非中下地 旺水之直撞杵沖 犹君子之忍我地也 福蔭難期 煞水之彎纏曲曲 犹小人之好我地也 凶星自化 水固重元 砂亦非强 如有尖射反背歪斜拗捩等形 水去亦凶 故凡平岡行龍高低活動之旁砂不剔伏整為 及难下平洋一例 法固不一 大鴻蔣公所稱水龍經五卷可考而知有蓄此平陽平洋八尺乘生之大發也 平原之穴去為三陽 但看法作法必兼平岡 則故占此二則差別

大都帳蓋多偏側而龍身必中正 砂頭每伸出而穴星尽隱藏 故凡到頭八尺無論高平 其垣局星辰必蓋清和圓淨柔嫩而呈秀 砂如美女言臨穴也 未至穴場必無直硬老如 是以天下貴星不履魁罡之域 人間貴宦極煞耀之鄉 此如天子至尊 深宮永處 悉居承順归寺 而兮騎千乘遠列九門 又若元戎柄武 中軍幕府偏多翰墨文人 而負戟執戈 外羅八陣 盖緣龍護從水口關欄 方貴武猛威雄 不厭嵯峨峻石也

山平總註

內氣一線外氣一片

一線一片 高山如骨 墩阜如節 平岡如筋 故為一線 平阳如皮 平原如肉 平洋如血 故為一片

畫圓經天。一六壬癸水。二七丙丁火。三八甲乙木。四九庚辛金。五十戊己土。數配十干。以協五行天行也。渾圓為經。十二記緯。紀之于年月日時。六甲攸生。以周于古作歷之本。於河圖攸也。圖具羅盤之六十龍也。終則又始。以象天行之不息也。

方方緯地。地球是矣。中天体本圓而直則方。人于地直用。而衍洛書數。生後天有四正四隅。而其象亦方。一白配壬子癸。貪狼。二黑配未坤申。星巨門。三碧甲卯乙。星祿存。四綠辰巽巳。星文曲。五黃中宮。星廉貞。六白戌亥乾。星武曲。七赤庚酉辛。星破軍。八白丑艮寅。星左輔。九紫丙午丁。星右弼。挨佈為九宮。經緯為三元。流行旋轉而不易之理。行之緯地之大猷也。誤理而不根河洛。斷難是矣。故地學先須通易。

龍水五看。訣云。天元龍法宜如何。仲女南直望北夫。更有八男朝二母。東鄰鎮日看西湖。[上]元只今與汝入元法。四六交朝生意雄。若然二八兩頭關。五郎從此投胎着。[中]元地元何處覓佳音。一粒元空插紫神。老母開箱私少女。大兄啟鍵出西金。[下]元更有流神正脈歌。文若珠泰卦邪魔。[看]脈清純九耀司喉舌。[乘]運陸地枕行奈尔何。三元九耀之秘。乃理氣真訣。仙師授受。

短長迭次。龍水二項。有正參一元者。有兼旺兩元者。有三元俱不敗者。神而明之。亦存乎葬者之運。星兼赴。

九曜旋尧。九曜者天之斗罡。四時輪運。司元布化者也。分布二十四山。以收去來二口之水。納甲文中上應天象。此仙家之大五行也。訣云。子癸並甲申。貪狼一路行。壬卯乙未坤。五位為巨門。乾亥辰巽巳。連戌武曲名。酉辛丑艮丑丙。天星說破軍。寅午庚丁上。右弼四星臨。本山星作主。番向逆支行。廉貞歸五位。諸星順逆輪。吉凶隨時移。貪輔不同論。更有先天訣。宜位忌流神。番向兑臨丙。水口不宜丁。運替星各去。禍起至滅門。運來星更合。百福又千禎。衰旺多憑水。權衡也在星。水兼星共斷。妙用許同昊。

艮寅甲分巽巳丙坤申庚分乾亥壬。十二排來俱順行。丑癸子分戌辛酉丁未午分辰乙卯。十二排來俱逆行。如壬山巨到丙。祿向未順數。如子山貪到午。巨向巽逆飛。餘放此。陰陽順逆不同逐。

令星是恃。令星者。每元當令之星也。如壬山起例巨丙、祿未、文庚、廉中、武戌、破壬、輔丑、弼甲、貪辰、庚山弼甲、貪辰、巨丙、祿未、文庚、廉中、武戌、破壬、輔丑、俱順數。子山貪午、巨巽、祿卯、文艮、廉中、武子、破乾、輔酉、弼坤、酉山破卯、輔艮、弼子、貪乾、巨酉、祿坤、文午、廉中、武巽、俱逆行數。以上挨星已詳平洋番向上算 餘山順逆俱倣此。以當令之星兑臨水口。吉水速發。凶水減凶。可見祿文廉破並非盡凶。惟貪最吉。不隨年運而生衰。蘭亦 又貪九曜之首。其克大。而久遠勝諸星。輔弼亦妙。故曰貪輔不同論。

穴星與元運並重。六則之龍穴砂水。執八字之年月日時。分格局別純雜固已。但不兼推運限。參和流年禍福定時而究。是故推三元者。不兼精龍穴者。言元運。推行氣根審龍穴者。不兼諸三元。即又合運而言命造者。雖然。憑體用之不可偏廢者如此。形局理氣。自是並重。

培補穴星。來龍急迫峽。少跌斷。胎骨不換。到頭多不成星体。結穴者少。蓋山阜星辰。人力者百不二三。若平岡以下。須培土。結盤。不惟取陽中之陰。且以濁容水而注生氣也。純方純圓則無化氣。圓必一直方。方必一直圓。或下方上圓。金土相生皆妙。偏此陰氣則生机斬絕。其不損人丁者鮮矣。慎之。山龍生於天成。真氣在骨。人工排築。固是無益。至平岡以下。亦須審局觀案。当培補則培補。不然恐其掩蔽陽光。偏此陰盛則陽衰。亦主丁絕。

羅圍。宜大而小。抱圍宜小而大。不称。宜厚而薄。不藏風。宜薄而厚。多容水。平地之穴。羅圍不宜太高厚。恐陰盛也。故凡三陽之地。須浮椁半入。羅圍墩塔相連為妙。

出水。羅圍口寬闊。中滿半傾。前有小堂。低矮則容水出。若口紧中四而高厚者穴必濕。地主亦凶。平地尤忌。切忌。又高山本体潤厚。培客氣通。精液薰蒸。不免有泉。次為砂炭培添水于外池方可。

迎生。墩不宜太高大。盤不宜太闊厚。陰重也。遍閱名墓。平地結盤。闊不過二十步。或五六十步者。頂棺其上。又結小盤以立穴。方得生氣。其三門一定之穴。或在上元立坎坤震向者。墓门基宜高二尺餘。以收旺氣。若近水立穴。用爲艮兑向者。墓门低尺許。不閉砂風為妙。即浮厝閉風者。迎生避煞亦然。又初年當取穴前明堂為生氣。兜抱窩聚合元。折向者立旺財丁。此救貧第一法。若穴高水低。初年不利。多作兜金以收之。

高山平地葬棺淺深○山有真穴必有真土○堅密光潤○色澤異常○開穴至此便止○下有軟石○名為砂底○銀白金黃○不可穿過○平地脈淺氣浮○土色駁雜○以所埋棺底浮出界堂之上○為主界水以界其氣○沒土穿堂則氣陷而客水侵矣○界水以界氣之水也○

翼衛有情○平陽旁砂低處○約在六七丈外○高處以十五六丈外以去○遠近高低細參為妙○若近而壓穴○閉風○左害長○右害幼○即後高者遠宜百步○貼穴後高必絕○但送功書不高壓○是兼高山而言○左右低空前面高○壯氣產英豪○斯之為平地言也○

分公位○左砂房長○右砂房幼○中堂房中○堂內水直流主離鄉○左右各以位斷○若外砂圍繞○水口峯高○反主大發○他鄉無礙○以龍真穴的為主○理須活看○地真則房房俱發○地凶則房房皆敗○砂水亦如是也○文武世家巨族各扞非一○或同宅當元○亦難以公位拘也○但看其地之吉凶斷○不可執分房之私見○前人曾言之矣○

水口關攔○大地必有逆水之山○來作關攔○以收局而固氣○故曰水口峯高號北辰○嵯峨怪石起雄星○捍門華表文筆○定出宰天縣鳳臣○劍印旗鎗天馬現○威揚萬里鎮邊庭○佛生定有石羅漢○仙佈龜蛇鸞鶴形○土庫圓墩多異相○也教積粟與堆金○[獅牛象虎分土茅○列陣屯兵武將生○]日月東西若得位○世人何法可擬承堅○知遠近分枝幹○更別單重世代分○門戶緊閉如此斷○若還未峽也同論○凡地理○取逆○天下龍水尽是東行○若局內有西流之水○大而且長○則龍必西行○

多結全真仙佛大地就水逆也故曰大凡順局不爲奇案砂並有力終微若是就來千年富就要翻身逆

大衆又結穴高低視水高低可定水口羅星形須逆水爲佳山阜平洋大地俱有

葬法 葬地若乘舟中艙〻中正中也自鼻對船頭腦則梲門其向斯正工生艎板下栖艘底高低深淺斯

乃其宜去板穿底能施濟也滅頂〻凶不下可知大船中須四面關欄冬宜閉夏宜開暗啟陰開妙之精人剪

裁一般上下左右高低淺深各有其宜

地必久看 凡看龍穴砂水如看金銀器皿真知灼見一目了然不識者愈看愈不識也但地生眼生一時

周知占難楊公尚待三拝可不慎與

山法 山龍中抽嫩脉兩旁自有擁護若流神停氣斷頭終有關欄若直去而孤露本無可穴培土亦無益

至若平洋穴法兩旁漸低最妙特不可一面偏陷耳

堂案朝拱 穴前高聚低似堂忽爲内明堂大龍座内不尖不直方若拱揖圓若銅鑼爲中明堂案

前宏廠寬容萬馬爲外明堂穴則〻穴三堂尽全爲上格若平陽則全取明堂御街倉板兜收入懷不宜傾

瀉又坐穴高方 起堂堂〻高壓穴不吉故曰龍虎緊関高起穴若還寬濶穴須低大抵山宜寬靜

平貴緊緊又穴前堂貴清潔至若堂案外者爲朝大地先起宾山一峯特起纔出羣峯特清特秀

朝近穴高。朝遠穴低。高則有情。低則应心。一峯當面。直中取的。双峦聯秀。四面平分。太近則逼。不如近朝之真的。又凡窝山頭清。脚法紫以遮之。水聚堂以滙之者。故曰、一案眠弓樹截住。能遮脚法露頭清。不然水注天心。能使朝山病亡痊。

化煞。三山連行。到頭結穴。而餘氣成木星者。此木疎土厚煞、反為用者、也。若土弱木强。須於土上结金盤以制木。堆以塚以生土。修做此、故曰。吉星減力於剋洩之方。貴曜加工於比生之地。杀少而救多者及吉洩多而補少者爲功。 剋洩之方比生之地是兼氣運而言

高山之穴。可坐峯而覓地。凡見羣峯環繞。佈作城垣。中有主峯。特昇於下。羣支左畔。支之一直。必朝右之畔支之直必朝。左中必為大地。須尋正出者為的。又或似正而实旁。似旁而实正。要出脈處成個星辰頭面為真認定。真脈從去定穴。又山頂另起圓墩之處。府星乃貴氣所發現。無論支幹。其下必有真龍之峽來。小去大則結穴必遠。龍峽來大。去小則結穴必近。龍峽來高。去低則結穴必低。龍峽來低。去高則結穴必高。龍直勢急則穴必緩。龍曲勢緩則穴必急。脈既上住。然去必蓋。脚下盡皆放洩。脈既內去。然產亦粗。劈煞多在边旁。穴高口。因衆山之扶逼。穴內為中乳之粗。頑立而仰者。穴巔視羣峰之扶衛。坐而俯者。穴腰貴倚勢之軟平卧而伏者。穴麓查界神之圍活。故曰、陸峻未平休急点。坦寬無脊点难扦。工規点誼。勢得何愛。下審堂

砂向那邊，二言高山之穴也。幹龍中出，左右護從，必皆正直向龍而正出之峯，忽然節節開帳，則陰陽交會而穴即可尋矣。山頂圓墩必出自天生，大是貴氣所鍾。今人修築墩台之下尋覓大地者，寔不可笑。是之山龍之穴，只是原勢乘止。

水順逆。大幹龍多順水，君子不貪為富，方能為天下用財也。故曰：案砂運水亦為良，但恐逆流不上堂，速發福財終易退。不如順案水流去。又曰：幹龍之地，近江河，逆水難逢，順水多，波濤不堪朝水作穴，折高遠伏相和。更有穴前來水短，案外去水長，主富夭而貧壽；來長去短反是。（去水必通達，然去不足。但不可硬直而去耳。）

陰結之龍。凡葬高山，而穴中有水坑，多在粗胖板闊之處，陰重無陽，地多天少故也。故曰：出頭下寬，穴中線硬，宜旁尋草裡蛇，脚闊細腰，腰點穴，身粗巧手，手中拿。陰重無陽自不可扦。

騎龍無水。盛星停聚，自然水交砂會，設立門户，故曰非局。弗言龍無水休作穴，惟騎龍之格不論水之重重。

砂高秀而得天潔之多。此砂補之，恒出神仙大貴。上受天清故也。凡高山龍真穴的，水之有無不重，然脉息既見，即有微茫界水，然有騎龍無以異也。

騎龍斬關。穴雖結而龍未住，去而還結，地謂之斬關。穴上結而龍放去，或作朝護之。騎龍斬關之穴，借迎送之抱護，視明堂之平坦，必於細小平軟處斬之。騎龍亦然。若倘下粗闊急硬之處，出主絕丁。其穴形或作鶴嘴蜘蛛。

肚或作龜肩牛背与蛇峯土未破其取暈已破其証砂此穴更宜留記真切大龍脊上不開堆開窩則直硬无生

机扦〻如何不絕

三岳皆天有龍有砂則有界穴必視明遠暗為生故曰界神明處氣方清莫作模糊直上尋去穴就明休就暗

暗边扦葬而侵陰是秉生氣訣但不可脫脈以致氣散耳

脈清氣現脈清則氣就氣住則結穴或隆〻而有脊或隱〻而露形故曰氣現自然唇口現脈清先見界神清

脈線兩旁必有分水之脊謂界神清曲如肩又其脈〻上也圓如棋秤其次也之玄曲折三陰之地也然如山頭已成星体而穴形肥飽必多暴

氣法宜用淺若頂開水窩必須氣露〻洩〻然必合〻向方可用法以葬之如穴体雄直則多殺氣法宜用斬

穴不起頂非真穴龍神起祖頂不露名星體落雄其下方出好穴又必先起少祖然後結體成星故五星不明

然高不貴穴无少祖然貴不高

星辰成象星分五体形辨高低扁全圓潤輪边穴突起粗頑玩覓下坡半月蛾眉扦兩角純陰滿月用尋窩

土星開口栽边穴若是无鉗挂角宜佈野枕天中出脈功名卦拜未為奇端圓土木起沖天夾相勲名様美

年到地織肥枕玉天名魁閬苑最登仙重岳疊浪參雲水地走金蛇脈亦奇绝影恬肥堪鏡秀

多謀足智俊才稀火星作祖貴高权兼羡次排门鎮水源文筆扁眼官耀显遠朝尖秀

土侵天乞帳孤單尖巧就不成星体不成峯只因懶坦全無斷硬直歪斜到處空說五星方圓
尖秀要々明曉高低星峯須辨得元微奧訣星如圓者象金直者象木佈銳者象火波者象水方
正端平中央土勢此條言穴星後言主星莫渾看

穴暈真穴必起頂成星隱主星以求穴情從穴情以求穴暈一點昊光或前或後或高或低或偏
或正怪々奇々總不離暈々之為象如爐中之銀鎔如水面之酥浮須除盡草木上審微脈脊岡上察
受氣恬々肥々旁脫界神圓活正側看枕坐高低看或初看有後看無再看仍有凝神乃得慎無粗心

龍行運後龍一節高一節則一代勝一代一節之後不成星二代之中貴亦輕大約力小管二十年大則六
十年逆推至上來龍曉嫩々處逢老幹而止又當兼看砂水別其單重參臨元運辨其短長必會
合而詳審之

帳蓋偏側龍身中正帳蓋比砂龍所多處龍所有支龍則小幹龍則大有帳方好有巢帳多出亦貴
亦多以其直來狂猛之氣得此而枝展節徐煞劈盡而氣融和也帳貴成星或屏開土宿或雲水疊
浪或木星展翅或火曜沖天或太陽三疊帳中侍衛亦要成星上格有千絲々樓垂下粗綴晃旒細
挂珠簾最要左右彎抱高低勻稱有恭敬禮讓之態無頭偏腳亂之形若嶮々崖逼斷龍難清

者福力亦短其長帳者則孤露而多陰不結結亦不大但帳帳之上龍局小則剝奴主局大則分支幹帳如手

之側面龍如身之正出身不顧手手必護身故曰側身環抱出帳倚衆仰真龍正出關个字兩边須借

步多為美隱護他山又曰關城左右双開帳認帳後知出中强君臣背為臣作護支支常作幹關欄此

奴主之說也其來龍各有結作但局分大小比山河重建之形也剝為卑擬官僚分治之家有远大之砂必有

遠大之龍以鎮之有遠大之龍必有遠大之水以隨之其起祖則層耳入雲霄其開帳則秋宜百里其到頭則

一主將為自能收盡群砂如三軍之関羅幕府納盡衆流如萬派之朝宗大海若此真幹結也若四面用神

不皆隆伏則小龍之傍地借局也此之幹結天淵矣又幹行不起峯之龍非住支來勢不大勢大化為幹幹

龍平硬多委曲蛇其行折作大之玄多尖頂不起伏若兩砂為列納盡衆流而砂不逆收水不逆朝多成順局

与支龍結作祇收一边隨水龍此不同幹必過祖力大盡支發則逢幹方休起頂成星为正至此為幹硬膝側旁

而霄遍此為支幹龍山頂常有雲氣能興一方雨澤支山則不能興雲雨故也

砂頭伸出穴星隱藏洋宜纖結山須關鎖其用俱在於砂有行龍之砂帳蓋展作關城也有結穴之砂

龍虎圍作圓堂此也有護穴之砂蟬翼之微茫格界此也故曰佈局還砂勢曲之食水案關欄真龍本身

関中女臣背抱蓋露直顧又曰妙俸斜尖方直背直哭生山不曲轉如弓滿弓圓双手揖此間龍穴自然停東

看抱西。看抱東砂形也偏者登穴見圓浊者見秀砂情也上砂蓋送多則地局宏下砂兜收密則地力久穴高處串岫包藏穴低立陰砂回護下宜高上宜低忌上雄而下弱肥以富清以貴邪以淫正以吉參差美矣天約砂一重而龍秀者發科二重發甲三重入座何則寒士僕從少而貴人之儀衛多也故脈清格好而主穴孤单者主能文不能武或僧道為官若穴高露而護砂低主貴而乏嗣而賤多子故尋龍定穴都在觀砂並重峯排列尚求本主為處龍真穴的方為我用所謂雄师百萬听命元戎也又砂頭帖腳亦有小結作但奴龍多胖大有收束不緊閉鎖不密形局不正之病

龍神最陰陽變化而名高峻者忽而平伏束狹者忽而放濶聚突者忽仰窩者陰化陽也平伏者忽而高峻放濶者忽束狹仰窩者忽而聚突皆陽變陰也此正如真龍之能大能小能升能降能飛能潛者也故曰形如貴浪順風吹人似鳥鴉暮尋宿上句狀其起伏斷續下句狀其盤旋回轉也金水火星屬陽木土二星屬陰行度陰陽間相方變化而成龍又真龍行止必舒張牙爪而護從地成龍變行則蓋帳重重止則砂頭密密亦正相似其不起伏無護無從者帳外之砂也故曰星辰側出人休恨边有边無皆纏護為向他人作用神之朝外突金剛肚若一片痴頑則無變化而不成龍略有變化砂裡成龍便結小地

行龍護從正龍薄厚不生峯有峯多是枝葉送旗鎗戈戟帳重重盡向旁行作護從故以峯求龍者

煖也凡行龍無頭直無星峯拋閃偏斜皆水星也龍行水洗大能脫胎換骨老出嫩濁變清然後頓起星辰結穴是以貴龍未變枝葉撓棹參差變亂人不知其為水星也

看地捷法樹之大小以根由根而枝葉地之大小以祖由祖而本身法當於三處求之起祖看出身而少祖九重之星峰帳蓋何如過峽看變換而過峽當先過送中扛護何如至於主山則看穴星而脈暈為真蟬翼內明暗何如三處看全地無遁形矣凡星頂要平軟星脚要站住不飽不斜貴清貴尊明星為高模糊為下乃上看星辰下又看氣脈細小活動於脈也恬軟肥圓於氣也脈現則成龍須於老中求嫩動中求靜以乘生也氣現則結穴須於嫩中求老靜中求動以防弱也要蛇脫鉗其脈旺而蓋旺故硬直之宜棄斷續隱微其氣清而愈清故粗蠢之多害氣脈兩明穴暈斯得莫捷於此矣

窩穴葬天山穴高則多踩氣未融也故喜窩忌突平穴則多濕氣嫌冷也故喜突忌窩凡山地窩穴多扦臨弦收一直之元窩大而弦遠或用浮扦架葬之法平洋低穴根藏即使合局之氣不融聚又有邊清邊濁之穴矣貴爽生必在空氣公倚邊上而天陽之清氣也

龍聚天陽太空之中無非陽氣散則寒聚則熱天地一大蒸之籠也墳土感星地此所以藏棺而陰骨得之如囷粉就蒸坐籠中熱之氣而裏飽內包隨粉熟也太低則濕直冷壯耳煖之氣何來

平洋

向首生旺墓個〻生来会旺家〻旺去迎生合於千百於二三此何以故蓋氣乘者運其向墓絶亦與數值衰
衰縱迎生旺而亦衰一綫之山向宮而無據三元之奧玄實無可憑考古証今殊無明白此依說創于萬歷初
年嘉隆以上無是也

圓界環流曲流引氣水一直於為平氣三直於為環氣平不如環内環蓄氣外次有曲水沖難與祥潤聚
洋之水迎引正神兼收旁卦方能速發而悠久入水若朝坐太低於撲直太高於难收水大而宜支於遠收則化
雖而氣和近收則沖小而雖潤於近收則光接氣佳遠收則脫

避客水穴之星盤緊小三直依堂則客水不停而三光四壁土乾暖矣其葬深圍虚於塚蓄寒泉国
為凶壤若更樹攢竹密三光不照雨露支淫濕熱薰蒸蛇蟻淵穢去於間出殘疾夭亡凶則多生宵小試
〻旧坏十睢八九罄〻生人造屋下必壞土築基依淺明堂深琢水溝以流客水上則隆脊而殺簷内更
鋪板而置榻化以陽淋滂远下濕也故埋棺浮出界堂築基而置榻也羅圍口潤台盤中滿半傾隆脊
而杂簷也不然〻知奉先人〻遺体支卧寒泉何智於宅而愚於墓也

水龍支幹大幹流遍若有彎抱其氣旅聚難以下穴必有支水止息不漏來口則生旺乘運到頭則清

統八尺深流並美。後抱乘胎。四幹水分派千流。一覽全收矣。大幹周環。則取外局之氣之形局。宏敞小支止息。則收內氣之孕育。是秀大幹如行龍之在山。垂辰佈成垣。安賅而無穴。小支如腕嫩之陵麓。團聚而氣凝穴多結也。亦有小幹曲抱環抱之處。下就腹穴。而大發於但須次而後居也。無支枝也。若內有支水結穴。而外無幹水城垣纏護。則效益速。穴氣則易衰。均不若支幹相扶。可收旦夕之功。亦可期代興之澤也。又大湖大蕩。古曰癡龍。必借嫩支藏秀。方發大發。間有四畔通流。內無支蕩。借外砂之抱護而立穴者。亦即支幹之法而變用之者也。明支幹記之之變。秉則小龍体格定矣。又當識五星之正變。而入穴之妙。將全眼倒星辰豎起看。水龍入穴星体與山身生尅制化。一一相同。星不成体難發。形不變者多突。及射斜穿。無丁無祿。要理繼結下世下年。水龍經二卷尤為後學津梁。所當熟玩。○要記山身想亦如是

水形凶吉。○三陽之地結穴水邊無餘氣。前有大河不納。補以人工亦同天造。又破是水破羅城。斜是斜水穿堂過。刻是穴前叩腳。滿前是狹長來臨穴。射是一尖向穴中。沖是洋朝勢太雄。而亦有反為吉者。訣曰。穴高不論射。水潤豈為箭。脈大河蕩寬。戶紫任斜牽。回曲無穿衝。御屏穴登天。砂隔非為殺。水乘亦何嫌。真龍相住處。反吉任君行。水無方與位。屈曲最為先。並形象凶吉。固為首務。而三元運氣尤當參驗。登場細看定。其首尾占方位之動靜吉凶。詳其支幹。辨骨髓之清純錯雜。以運旺而氣生。

骨真向脈的卯乃分水之澗狹短長以定穴之高低遠近丈尺不差浮沉不爽卦爻不雜星辰不外水龍之秘盡矣

脫元煞水○凡脫元煞水沖照必凶惟三陰一線之地就雄氣厚於初葬則砂見殃葬久則雜重砂旌水神無力煞不若龍水兩旺之地其發福九速而純全也入三陽一片之地旺水勢大吉方多照旁即帯砂亦不甚凶以旺能降煞故也最驗旧坟一一參看自見

平地元言

凡入一局之中○先看水以尋龍○先看一方水勢之去來以尋龍脈之起止並知何是何出脈是何龍氣即子字出脈子字尋之法○龍行必有水夾龍入必有水兜○夫於夾逆兜於兜收水兜則砂抱之則龍神凝聚矣逆插之水閑穴大能進氣岂畏源頭○大水東來一枝小水西插則東來之氣逆回迎之閑穴逆龍之水聚處便有斜襯何云特處○大勢東來到頭逆折則氣自停止只要屈曲聚会即斜流側出不乃為特處○逆插水穴在下手逆龍水穴在上手下手故水來閑穴上手故水聚於旁

閑穴之水交處則聚激龍之水狹處則收夫龍之水合處則鍾○交處即逆插之浜頭水交處浜口水之進氣浜底水之交處地之進氣於水交處聚來地氣也激於龍行未住於下手水逆折而激處真氣

即於狭小氣止處收取即上道龍之水也夫龍之水二句洋上龍行必有水夫二句言上頭夫送龍身之水於
結穴處必兩水合襟兜合而氣止也
水頭水尾不可概論水短水長宜仔細觀水長則氣緩穴在源頭旁處水短則氣微穴在腹中旺裡前
後左右一边活水必有一边死水方能結作信是陰求陽配東西南北四水交流必曲水聚会方能合卦的是
泄中取清水長水短要看仔活重在旁處旺裏活水流處死水停聚活水停聚處氣止死水流處無氣
入故能結作卑水交流必其中有一水曲折接着訣出看聚会處合仔卦位路真即公私親疎之說也
論來水一直來一横來一斜來聡分緩急詳去水一过堂一会堂一纏後放有差殊 正文自明以下不註
左沖右沖前沖後沖直沖必敗房分当座穴迎向迎左迎右迎闪迎大處丁財兩宜
遠近水處近水存的内外水順逆内 宗數水朝堂砂回則水转若見明砂逆抱福力無窮微茫窩
底氣聚則穴藏必須暗地護纏財源弥厚
若見退神抛过下砂直逼則何妨更見内水順兜外應兜收及有益退神去水也下砂直逼則去有関
欄外應兜收則並順兜無終有止息若外水有大蕩開洋亦能蓄势
去大洋蕩即有下砂不大未處分明并無関峡亦凊即蕩中墩阜関欄亦作下砂継之無砂一天

勝於苐丈逆水一滴勝于苐派也

至於作穴須乘生氣有來氣有進氣爲氣來氣或有脊案來或関內案來或結跌案來進氣則在臨穴處或一水彎環或兩水関激其氣便入爲氣或小來大或大來小或直來或結島或平地忽吐唇此乃天然生氣可以立穴也然須(觀)及四座為準或數局中彼此感動或一局中東西兼收統又須察大小主輔向背偏正分翻環抱之情形也

要曰來純不來雜出配不出獨言來脈卦氣純(清)不雜他卦去水陰陽合配與地脈交互不孤也氣激必入局緊必真用特必貴乘氣必清用特(如)必乘直特曲乘大特小之美

然必察其緩急方可受穴砂必審其寬緊收不爲賊中宮受穴必敗五黃不變逆角立穴必多興男

水氣凝論取驗以局配年龍向不吳詳(房)分以星配位砂水參驗以局配年外看元運之吉凶三方四照在何年發應若悉以龍向斷恐不驗以星配位外以九星之吉凶分配房分公位參驗之於砂水也

排山掌訣

六白乾　七赤兌　八白艮　九離紫

五黃中

四綠巽　三碧震　二黑坤　一白坎

九宮之理。本於河圖。九宮之位。本於洛書。蓋河圖洛書。以五十居為極。而九宮以五黃存極。（能統制八方也。）凡立穴定之向。必要取五黃所到之方。必要收五黃所到之水。以五黃居中為主。如上元一白當令。即以一白入中。調佈五黃在離。故要收離水為穴。二黑當令。即以二黑入中。調佈五黃在艮。故必艮水作主。三碧乃運。即以三碧入中。調佈五黃在兌。故收兌水。四綠當令。即以四綠入中。調佈五黃在乾。故收乾水。五黃乃令。則寄旺於辰戌丑未坤艮。而又以五黃入中。調佈收此六位之求。餘可類推。

元運宮星吉凶訣

一白坎居正北分壬子癸一卦管甲子甲戌二十年

二黑坤居西南分未坤申一卦管甲申甲午二十年

三碧震居正东分甲卯乙一卦管甲辰甲寅二十年

中元六十年

四綠巽居东南分辰巽巳一卦管甲子甲戌二十年

五黃居中央寄旺於坤艮辰戌管甲丑未申甲午二十年

六白乾居西北分戌乾亥一卦管甲辰甲寅二十年

下元六十年

七赤兌居正西分庚酉辛一卦管甲子甲戌二十年

八白艮居東北分丑艮寅一卦管甲申甲午二十年

九紫離正南居分丙午丁一卦管甲辰甲寅二十年

上元坎局星水圖式第一

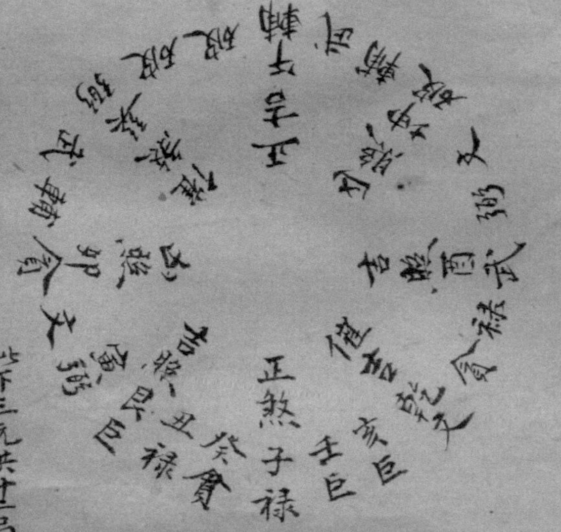

此一白当令也。所管甲子甲戌二十年。則当取一白方壬子癸实地為坐山。一对九紫离方。丙午丁水為正吉。一六共宗。六白乾。戌乾亥水為催吉。七赤兑方。庚酉辛方水。八白艮方。丑艮寅水為吉照。一白坎方。壬子癸方水為正煞。六与四对待。辰巽巳方為催照。二黑坤方。未坤申方水。三碧震方。甲卯乙方水為凶照。

此下三元共十二局式。之举山水相兼以視例。至平洋诀法。对亘參修則以之矣。九星亦止是坐山之星。莫連看。

上元坤局星水圖式第二

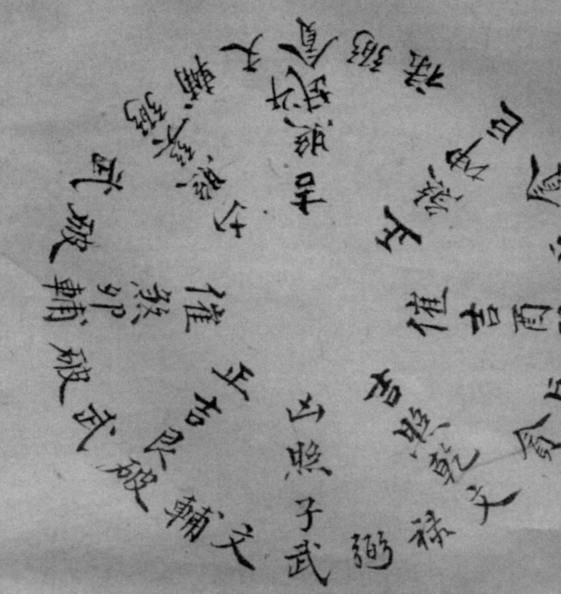

此二黑坤当令也。所管甲申二十年。則当取二黑方実地為生山。二对八。八白艮丑艮寅水為正神。二七同道。七赤兑方。庚酉辛水為催貴。六白乾方。戌乾亥水。九紫离方丙午丁水為吉照。二黑坤方。未坤申方水為正煞。七与三对待。甲卯乙方水為催煞。一白坎方壬子癸水。四綠巽方。艮巽巳水為凶照。

上元震局星水圖式三

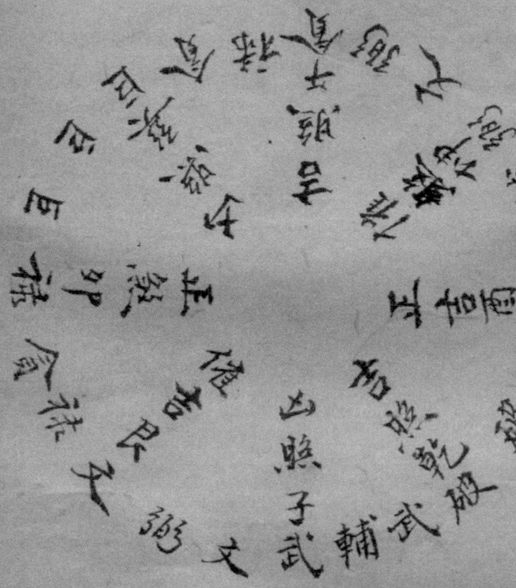

此三碧震當令也。所管甲寅辰二十年。則當取三碧甲卯乙實地為坐山。三対七。七赤兌方。庚酉辛水為正吉。三八為朋。八白艮方。丑艮寅水為催吉。六白乾方。戌乾亥水。九紫離方。丙午丁水為吉照。三碧震方。甲卯乙方水為正煞。二八对待。二黑坤方。未坤申水為催煞。一白坎方。壬子癸水。四綠巽方。辰巽巳水為凶路。

中元四綠巽第四

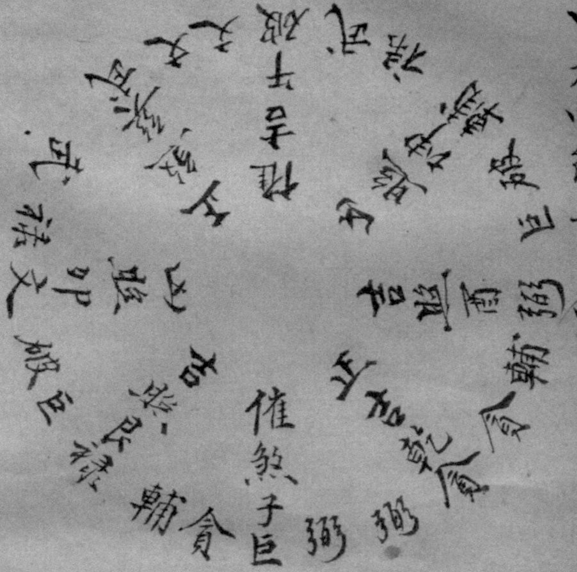

此四綠令者也。所管甲子甲戌二十年。則當取四綠辰巽巳方實地為坐山。四對六。六白乾方加戌亥乾水為正神。四九為友。九離方丙午丁水為催官。七赤兌方。庚酉辛方水。八白艮方。丑艮寅方水為吉照。四綠巽方加辰巽巳水為正神。九一對待。一白坎方壬子癸方水為催照。二黑坤方加未坤申水。三碧震方加甲卯乙水為吉照。

中元五黄当令全局

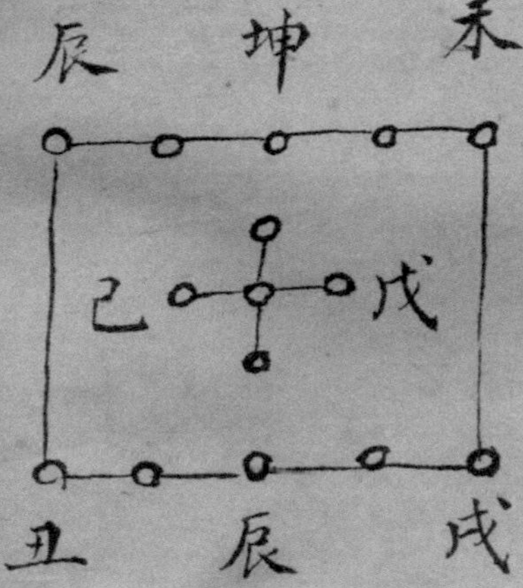

前後一片陰阳此則一線陰阳当三隅及前後三字総訣此則一字実照当八寸心融

按河圖洛书。五十居中。五黄立極。五為天。為阳。寄旺于辰戌。五十同途。十為地。居陰。寄旺于丑未。十干以戊己居中。戊為阳土。寄旺於坤。己為陰土。寄旺於艮。此所管甲申十年。分為上元。則当取辰未坤実地為生山。甲午十年。分為下元。則当取戌丑艮実地為生山。

中元中局星水番式五六之一

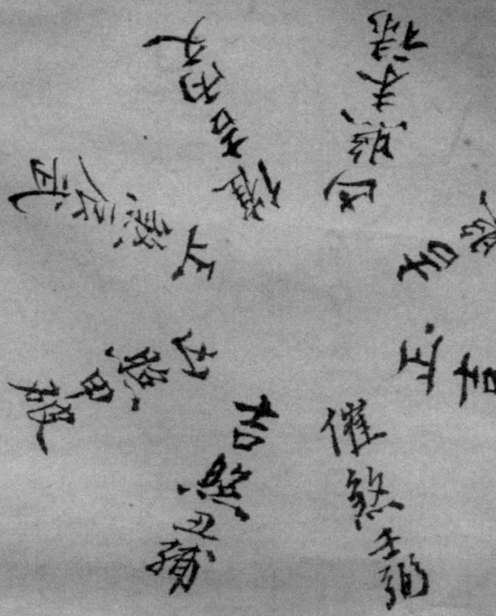

如取辰方实地為生山。辰与戌对待。戌方水為正吉。辰居四绿巽方。四九為友。丙方水為催吉。丑庚二方水為吉照。辰方水為正煞。九与一对待。壬方水為催煞。未甲二方水為凶照。

中元中局星水葡式五六之二三

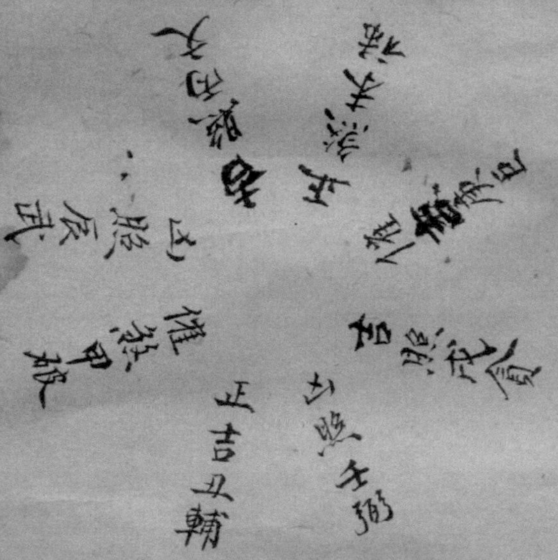

如取未实地為坐山。未与丑对待。丑方水為正吉。未居二黑坤方。二七同道。庚方水為催吉。丙戌二方水為吉照。未方水為正煞。七与三对待。甲方水為催煞。壬辰二方水為凶照。如取坤方实地為坐山。則与上元二黑一例。

中元中局星水甭水式五六之四

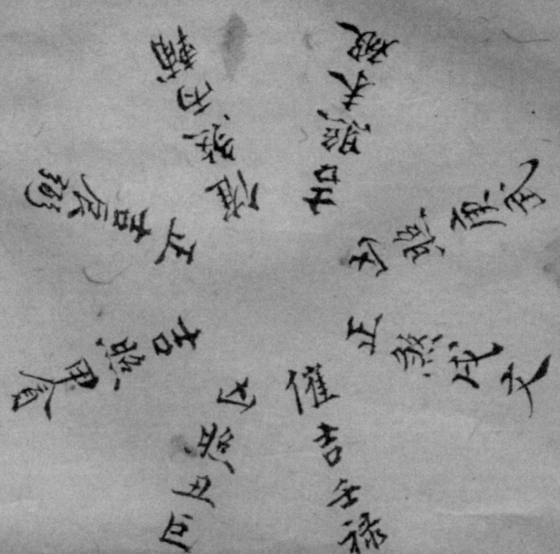

如取戌方实地為坐山。戌与辰对待。辰方水為正吉。戌居六白乾方。一六共宗。壬方水為催吉。未甲二方水為吉照。戌方水為正煞。一与九对待。丙方水為催煞。丑庚二方水為凶煞。

中元中局星水圖式五六之五六

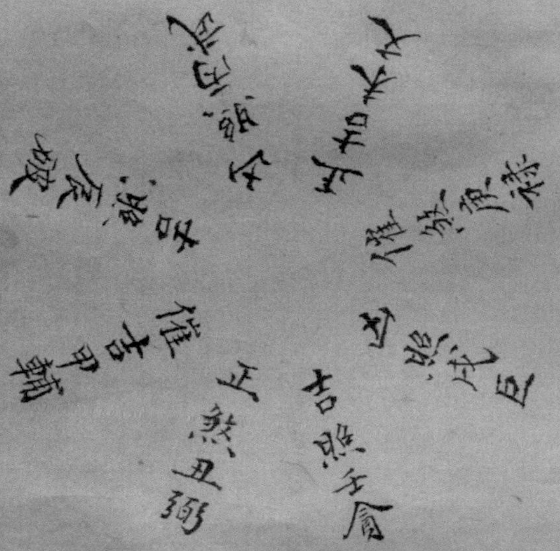

如取丑方实地為生山。丑与未对待。未方水為正吉。丑居八白艮方。三八為朋。甲方水為催吉。壬辰二方水為吉照。丑方水為正煞。三与七对待。庚方水為催煞。戌酉二方水為凶照。

如取艮方实地為生山。則与下元八白一例。

中元乾局星水番式第六

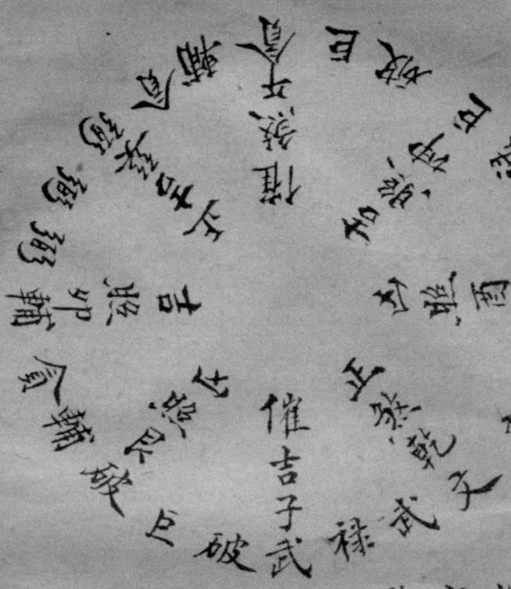

此六白当令也。所管甲寅辰二十年。則当乾六白乾方。戌乾亥实地為坐山。六対四。四綠巽方辰巽巳水為正吉。一六共宗。一白坎水方。壬子癸水為催吉。二黑坤方。未坤申方水。三碧震方。甲卯乙水為吉照。六白戌乾亥水為正煞。一与九对待。九紫方丙午丁水為催吉煞。七赤兑方。庚酉辛水。八白艮方。丑艮寅水為凶照。

下元兑局星水圖式第七

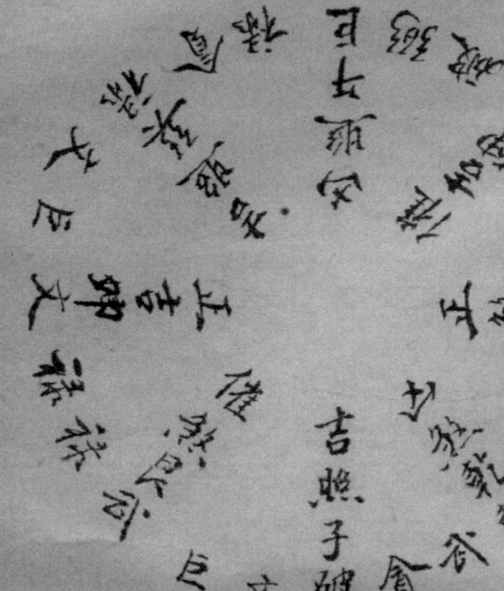

此七赤兑当令也。所管甲午甲戌二十年。則当取七赤方庚酉辛方实地為坐山。七对三。七碧震方甲卯乙水為正吉。二七同道。重坤方。未坤申水為催吉。一白坎方。壬子癸水。四绿巽方。辰巽巳水為吉照。七赤庚酉辛水為正煞。三与八对待。八白艮丑艮寅方水為催煞。六白乾方。戌乾亥水。九紫离方丙午丁水為凶煞。

下元艮局星水圖式第八

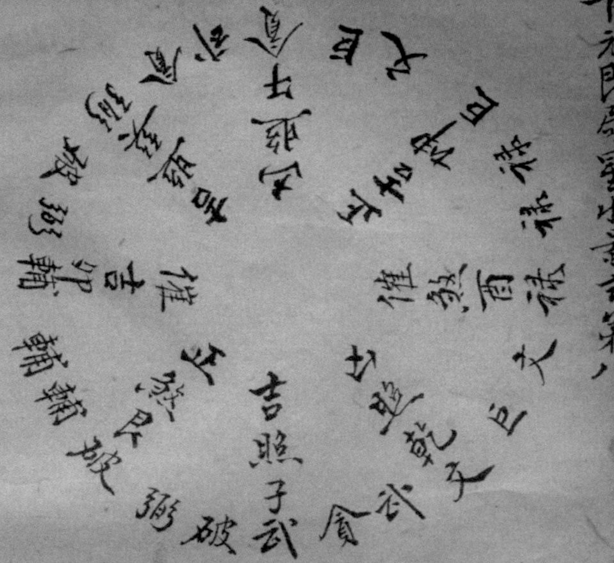

此八白當令也。所管甲申二十年。則當取八白丑艮寅方宜作為坐山。八與二對待。二黑未坤申方水為正吉。三八為朋。三碧震方。甲卯乙方水為催吉。一白坎方。壬子癸水。四綠巽方。辰巽巳水為吉照。八白丑艮寅方水為正煞。三七對待。七赤兌方。庚酉辛水為催煞。六白乾方。戌乾亥水。九紫離方。丙午丁水為出煞。

下元离局星水圖式第九

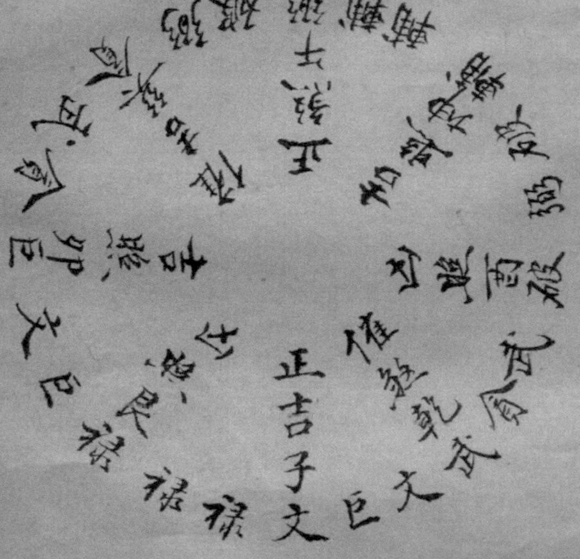

此九紫当令也。所管甲寅辰二十年。則当取九紫方。丙午丁宗地為生山。九对一。一白坎方壬子癸水為正吉。四九為友。四綠辰巽巳方水為催吉。二黑坤方。未坤申水。三碧震方。甲卯乙水為吉照。九紫离方。丙午丁水為正煞。四六对待。六白戌乾亥方水為催煞。七赤兑方。庚酉辛水。八白艮方。丑艮寅水為凶煞。

以上七九宮一定方位。出於洛書。更以地力消息。定其來路之長短。闊狹曲直。聚散輕重。大小多寡遠近。形体吉凶。宮位純雜。分美而言。地學之用。將無遺憾。此楊曾之傳千古秘訣真法。仍收寶之。

九曜旋飛吉凶短挨法

假如平洋子午向。貪到午。穿心反吟全凶。巨到巽。中位不吉。祿到卯。是安本位吉。文到艮。木剋土。寅到巳。全凶。武到坎。全吉。破到乾。交劍煞。凶。輔到兑。少男少女相配。全吉。中位丁更速。弼到坤。全吉。上位午火生坤土。大吉。要之得元則吉。將為吉。失元則凶。將為凶。餘倣此。

山龍子午向。貪在子。本宮吉。巨到乾。坤土生乾金。中下位吉。祿到酉。穿心爲合反吟。全凶。文到坤。木剋土。不吉。武到午。受剋凶。破到巽。多害。輔到卯。不吉。弼到艮。平平。逐位排挨。逐星推詳。吉凶之理見矣。

又如平洋壬丙向。巨到丙。吉。祿到未。入墓。不吉。文到庚。不吉。武到戌。本位吉。破到壬。金生水。仍合有氣。全吉。輔到丑。本位吉。弼到申。木火通明吉。貪到辰。入墓不吉。

山龍丙壬向。貪到戌。金白水清。全吉。巨到壬。受克凶。祿到丑。不吉。文到甲。比合。木臨旺地。吉男吉婦合諧。孕生貴子。全吉。武到辰吉。破到丙凶。輔到未吉。亨心凶。弼到庚凶。

既以五行配出九星生尅。更以干支位位排其相沖相合相刑與納甲。復以三元氣運斷其吉凶。則立向定穴自無一線走洩矣。二十四山向例此斷斷可也。

橫脈論穴

枕脈挨龍過去。脈伏而起。起而又伏。在中間梭肚有泡突轉。必要前有官案。後有鬼托。左右龍虎相應乃真。纏多腰處宜進不宜退。又云。枕担枕蒂無龍須下。有龍切不可出。出則脫氣生水蟻。無龍便是空亡。

九星挨山訣 山有無水有水兼挨水有水更妙 山上龍神不下水

坤壬乙巨門從頭出。七甲癸申貪狼一路行。八子未卯一二祿存到。九 此言七八九局下元六十年。艮丙辛位位是破軍。一寅庚丁以例作輔星。二午酉丑右弼七八九。三 此言一二三局上元六十年。巽辰亥盡是武曲位。四戌乾巳文曲右連次。六 此言四五六局中元六十年。

水裡龍神

酉坤(艮離兌)壬乙、酉甲(兌離艮)癸申、酉子(離艮兌)未卯、三局三城門。在坎(艮兌)坤(艮)震巽(離)。貪巨武下元。

東艮(坤坎)丙辛(震坤)寅庚(震坎)丁東午(坎震坤)酉丑三局城门在乾(坎)兌(坤)艮(震)离(坎)武、破、弼上元。

東戌乾巳酉辰巽亥二局城门在坎(乾)震离兌(巽)貪、巨、破、弼中元。

[redacted] 九星挨水诀

貪狼子癸与甲申。壬卯未坤乙巨门。辰巽巳戌乾亥武。酉丑艮丙辛破軍。寅午庚丁四位上。右弼之星次第臨。將山作主翻臨向。逐爻逐卦順逆輪。貪輔吉山隨運轉。廉归五位不同論。旋飛宝位从神忌。庚方辛方宝位名。若有水口来冲到。冲破陰陽多受鬱。

龍祖向水歌

六龍离九是朝宗。坤宮坎一脈和通。天三地八為朋友。天七地四氣相通。坎時朝水来到兌。巽龍入脈向坤宮。龍出离九穴望震。艮来地八到乾宮。後天来龍先天向。生成催照互多融。

青囊經竅要

順五兆(以五星之正變定宿纏也)用八卦(以八卦之衰旺寓位也)排八門(以八風之開合寓氣也)推五運(以五運盈虛寓歲 卯申丙戌庚壬)定六儀(以六氣之代謝寓合也)

青囊序竅要

一太極二兩儀二生三即三陰三陽有一爻即有三爻有一卦即有三卦淨陰淨陽。從一卦而來不染他卦也乾坤艮巽水長流二句。如高向、水出乾坎向、水出巽兌向、水出艮震向、水出坤、七吉神也。

三才。貪、巨、武六建。子息也。

青囊奧語竅要

坤壬乙。四句有八句只待四句挨山法也左為陽二句。自子、之丙、壬、挨順也。自子、之未、癸、挨至未、逆也。從外生入。下時之水也。從內生出。失時〻水也。

天玉經竅要

江東一卦起子壬順挨。江西一卦起子、癸逆挨。八神四個一一卦管卦之事。八神四箇二一卦兼二卦之事。南北八卦神共一卦一卦統三卦之理然亦各從其类也。前後相兼兩路看前後指卦爻。父母兼子息。兼左不兼右。故曰兩路看。十二陰陽一路排一陰陽各十二。要在本卦。不可出卦。二神戓出乾戓出艮餘倣此正山正向流支上如子、午、卯、酉、之山向。亦水又從他卦支上流出也。要在乾、坤、艮、巽出去。兩路共神為夫婦如就從子癸一路來從美也。若夫壬、夫亥丑艮此。

正神百步始成龍四句正神我須吉。然水合元。是短亦吉。不合元亦凶。零神合卦是短亦吉。不合亦凶。兄弟更子孫水在父母一氣之卦為兄弟。而子孫是別一家也。

二十四山分兩路設若就不逢旺而水從葬於時之合亦主發旺。父母排來看子息來山雖曲不是父母之位須看左右子息若精純之泉。合卦內外山水向合零神乃吉。若零神作正神則凶也。

中傳

四神就神祖一神。入脈一神。向上一神。出口一神。三吉卦〻父母也六秀卦〻子息也

下傳

乾山乾向水流乾數句 乾入坎之夫。高向乾水出 乾之夫。揺是不合局也。 龍墀移帝座 山子向午 寶蓋 坤 鳳閣 艮

寶殿巽、龍樓 乾、 四正劫弔煞 辰戌 丑未 金枝 巳、 玉葉 亥、 金箱 寅、 玉印 申、 此數句有坎

山高向。坎高多嫌。乾巽兩傍。四維拱挾。四墓不犯。寅申。帝釋 丙、 紫微 亥、 八武 壬、

北斗七星出打劫。 即砂向水口一家也。

都天宝照經竅要

子癸午丁天元宮四句 子癸午丁。卯乙酉辛。真夫妇可以同到。若止有乙辛、丁癸。則半穴而恐雜。乾坤艮巽宮之辰戌丑未矣。

辰戌丑未地元四句 同一卦也。辰戌丑未之山。甲庚壬丙之水。此山有彼水。

寅申巳亥人元龍四句 四句要乙辛丁癸水出。以朕中有會星也。又有輔星在內也。

中篇

莫依八卦陰陽取 时师執定三陰三阳卦。不知每卦中有陰陽之别。 乾坤艮巽纏何位 即城门水口之诀。此活説也。

穴之四象曰窩鉗乳突也

開口而圓曰窩。開口而長曰鉗。形圓如瓜曰突。突細而長曰乳。古云、似男陰休傷首。似女陽窩莫破唇。土宿羅紋來証穴。天机到此話乾坤。並有穴則氣聚而不散。土宿羅紋。即所謂金魚。蓋指陽生之氣滿于內也。

八門

甲午戊壬子休坎一。丁辛乙卯坤二傷。戊庚甲午震三相連。丁癸辛酉巽四伸。丙庚子行乾六位。巳癸在兌七邊。丙壬午日休居艮八。巳酉未離直。

八門位次

休生傷杜景死驚開

四巽杜	九離景	二坤死
三震傷	中五	七兌驚
八艮生	一坎休	六乾開

九星

十二時

子午臨申地。丑未戌相逢。寅申龍起子。卯酉在寅中。辰戌龍龍位。巳亥午相隱。此按日支起。時去有事通。

十二時位次歌

青　天天匱　白　堂天武司陳
龍堂刑雀金天德。虎玉牢元命勾索。十二時中依次排。去之不與吉須疑。

甲子太陽八戌紫（艮甲九白甲二甲）一申黑午掌中指。甲辰居碧甲寅黃。六甲九星排準此。

九星位次名號

太陽（一白吉，天蓬，太乙明星）攝提（二黑凶，天芮，弔客）軒轅（三碧平，天沖，病符）招搖（四綠平，天輔，小耗）天符（五黃土凶，天禽，五鬼）青龍（六白吉，天心）咸池（七赤兇凶，天柱，大耗）太陰（八白土吉，天任，吉神）天乙（九紫吉，天英，吉神）

直符九星

天蓬（一白）天任（八白）天沖（三碧）天英（九紫）天芮（二黑）天禽（五黃寄）天柱（七赤）天心（六白）天輔（四綠）

九星次序歌

太陽居首起。攝提軒轅斷。招搖天符青。咸池陰天乙。

九星吉凶歌

太乙相逢必稱情。青龍才至滿門庭。太陰仍遇謀為福。天乙提携仍貴人。天符咸池招口舌。招搖攝提不堪親。軒轅半吉宜安靜。吉凶星宿斷最明。

擇時吉凶訣

青龍（天乙，大吉）明堂（貴人，輔吉）天刑（凶）朱雀（天訟，凶）金匱（福德，月仙吉）天德（寶光，德吉）白虎（天殺，凶）玉堂（少微，天開吉）天牢（鎖神，凶）元武（天獄，凶）司命（鳳輦日仙吉）勾陳（天獄，凶）

年九宮起例

上元甲子一白求。中元四綠卻為頭。下元七赤兌方是。逆尋年分順宮遊。如上元甲子一白入中宮。乙丑年九紫入中宮。丙寅八白入中宮。周而復始。俱用逆尋。中元下元。亦照此例

月九宮

四仲之年正月八。四孟二黑卻相逢。若問四季如何取。正月黃宮逆數尋通。如子午卯酉年。正月八白入中宮。二月七赤入中宮。寅申巳亥年。正月二黑入中宮。辰戌丑未年。正月五黃入中宮。二月一白入中宮。二月四綠入中宮。俱逆數。

日九宮

日家白法不難求。二十四氣六宮周。冬至雨水谷雨後。順陽順一七四中遊。夏至處暑及霜降。九三六星逆行扱。如冬至後甲子為上元。起一白。雨水後甲子為中元。起七赤。谷雨後甲子為下元。起四綠。俱順佈。求值日星入中宮。順行。夏至後甲子為上元。起九紫。處暑後甲子為中元。起三碧。霜降後甲子為下元。起六白。俱逆佈。求值日星入中宮。逆行。

時九宮

時家白法更精微。須知二至與三時。冬至三元一七四。子酉宮中順佈之。夏至九三六星遊。九星挨巽震排々順

逆兩邊。此日例。戌丑寅亥一般施。　如子午卯酉日。冬至後子時起一白。丑時二黑。順行。夏至後子時起九紫。丑時起八白。逆。辰戌丑未日。冬至後子時起七赤。丑時起八白。順行。夏至後子時起三碧。丑時起二黑。逆行。寅申巳亥日。冬至後子時起四綠。丑時起五黃。順行。夏至後子時起六白。丑時起五黃。逆行。上日例順逆亦如是。

起日分陰陽順逆法

甲己丁壬戊癸陽。排山順數作禎祥。乙庚丙辛陰干位。逆佈排來作吉昌。若月朔是卯日。則陽順陰逆。

一一直從排山圖上數去。某日某星值日。更捷簡矣。

起時法例

既作去日。須看本日干位何處。更尋吉時。甲己從坎一起子。（丁壬從離九起子　戊癸從五中起子）此三陽位也。丙辛從震三起子。乙庚從兌七起子。此二陰之正位也。（亦陽順陰逆數去　起時圖與排山局同）

訣

甲己水星（坎一）丙丁壬火（離九）戊癸土星（中五）起子求。乙庚金星（兌七）丙辛木（震三）。順陽陰逆分休咎。起時圖與上排山一局同

以上選日選時之訣。實能避凶趨吉。楊公恐人用五星七政。或有訛錯。留傳此法。用之屢驗。

截法圖

坤申未太陰　兌酉金星　乾戌亥羅睺
離午火星　中宮　坎子水星
巽辰巳計都　震卯木星　艮丑寅太陽

排山掌圖

六乾羅睺凶　七兌金星吉　八艮太陽吉　九离火星凶
五中土星凶
四巽計都凶　三震木星吉　二坤太陰吉　一坎水星吉

截法排山起法

其法看月朔前係何干配卯支若係己丁癸陽干則以己卯丁卯癸卯入截法圖匡子上起己卯丁卯癸卯假如七月二十五日辛亥用事月朔是丁亥前有己卯己為陰干即以己卯入截

法畨層子順支數己卯在子庚辰在丑辛巳在寅壬午在卯癸未在辰甲申在巳乙酉在午丙戌在未丁亥在在申、在坤宮係太陰值日再以丁亥入排山畨丁亦阳干層坤上順數丁亥在坤戊子在震己丑在巽庚寅在中辛卯在乾壬辰在兌癸巳在艮甲午在離乙未在坎丙申在坤丁酉在震戊戌在巽己亥在中五庚子在乾六辛丑在兌七壬寅艮八癸卯離九甲辰坎一乙巳坤二丙午震三丁未巽四戊申中五己酉乾六庚戌兌七辛亥艮八係太阳值日此阳干起法陰干起法若係乙辛陰干配卯支則以乙卯辛卯入截法畨層子起乙卯辛卯向亥戌逆數假如四月初十日甲戌用子月朔乙丑前有乙卯乙層陰干則以乙卯入截法畨乙卯在子丙辰在亥丁巳在戌戊午在酉己未在申庚申在未辛酉在午壬戌在巳癸亥在辰甲子在卯乙丑在寅、在艮宮係太阳值日再以乙丑入排山畨層艮上向兌乾逆數乙丑艮丙寅兌丁卯乾六戊辰中五己巳巽四庚午震三辛未坤二壬申坎一癸酉離九甲戌艮八係太阳值日此陰干起日法也

截法所層歌

子坎水丑艮寅是太阳○卯震木辰巽巳計都藏○午離火未坤申太陰伍○酉兌金戌乾亥乾羅睺堂○

排山九宮所層歌

坎一是水星太陰坤二木星在震三计都巽四五黄為土乾六羅睺金兌七艮八阳為火存

甲丙庚壬辰戌丑未　壬二

輔巨乙乙弼文輔乙

子乾午坤卯艮酉巽

貪破文武文武文巨　子一正　此坎卦一三二輔定式條可美推

文文文貪輔文巨破

乙辛丁癸寅申巳亥　癸輔